기독교문서선교회(Christian Literature Center: 약칭 CLC)는 1941년 영국 콜체스터에서 켄 아담스에 의해 시작되었으며 국제 본부는 미국 필라델피아에 있습니다.
국제 CLC는 59개 나라에서 180개의 본부를 두고, 약 650여 명의 선교사들이 이동 도서차량 40대를 이용하여 문서 보급에 힘쓰고 있으며 이메일 주문을 통해 130여 국으로 책을 공급하고 있습니다. 한국 CLC는 청교도적 복음주의 신학과 신앙 서적을 출판하는 문서선교기관으로서, 한 영혼이라도 구원되길 소망하면서 주님이 오시는 그날까지 최선을 다할 것입니다.

추천사 1

"삶의 목적과 방법 그리고 힘의 원천"

장 희 종 목사
대구 명덕교회 원로

　웨스트민스터 신앙고백서를 기도와 목회자의 가슴으로 풀어낸 본서는 저자의 목회 신념을 보여 준다. 저자의 목회방향이 청교도 개혁자들처럼 선명하다. 오직 삼위 하나님을 찬양하는 데 있기 때문이다. 저자의 목회방법이 청교도 개혁자들처럼 분명하다. '오직 성경'과 '모든 성경'에서 인생 및 세상의 근원적인 문제와 그 해답을 제시하고 있기 때문이다. 저자의 목회결실이 아름다울 것이라 전망된다. 타락한 인간의 전인적인 회복을 추구하기 때문이다. 저자의 설교는 신적 권위와 역사적 깊이가 있다. 하나님의 말씀과 역사적 교리가 조화를 이루고 있기 때문이다.
　무엇보다 본서는 처음 이 고백서를 작성한 청교도 개혁자들의 정신과 확신을 느끼게 해 준다. 분명한 삶의 목적과 확신을 가지고 살아가기를 원하는 그리스도인이라면 꼭 읽어 보기를 권한다. 목회를 시작하는 이들에게는 목회의 방향과 방법과 힘의 원천을 발견하게 해 줄 것이다.

추천사 2

"우리는 삼위 하나님의 이름으로 세례를 받는다"

유 해 무 박사
고려신학대학원 교의학 교수

우리는 삼위 하나님의 이름으로 세례를 받는다.
삼위 하나님이 누구신지를 알지 못하면 우리가 어찌 고백할 것이며, 고백하지 못하면 어찌 삼위 하나님을 날마다 섬길 수 있겠는가?
성경은 삼위 하나님이 누구시며 무엇을 행하시는지를 가르친다. 성경의 이 가르침이 교리이며, 교리의 내용은 삼위 하나님이시다. 그런데 언제부터인가 한국교회 안에는 교리에 대해서 무관심하고 교리를 피하는 분위기가 만들어졌다. 지금은 교리를 제대로 공부하여 믿음과 생활에 균형을 잡고 한국교회를 바로 세워야 할 때이다.
본서는 성경의 교리를 정리한 웨스트민스터 신앙고백서(1647년)를 정갈하게 삼위 하나님의 사역의 관점에서 쉽게 요약하고 있다. 저자가 성경의 교리를 24주제로 해설하지만, 모든 주제의 주인이 삼위 하나님이심을 잘 제시한다. 그리고 교리가 얼마나 가까이 있으며 쉽고 중요한지를 새삼스럽게 열어 보여 준다. 신자의 기본을 일깨우는 본서는 신자라면 누구나 읽어야 할 책이다. 특히 배움의 의욕이 있는 청년과 관심 있는 분들이 본서를 공부하여 교리의 골격을 잘 갖춤으로 다음 세대 한국교회의 주역이 되기를 바란다.

추천사 3

"성도를 온전케 하는 가르침"

김 재 윤 박사
아세아연합신학대학교 교의학 교수

    신앙고백서의 본래 목적은 성경 전체를 가르쳐 교회의 성도들을 세우고 온전하게 하기 위한 것이다. 그래서 그리스도가 교회에 세워 주신 목사가 이 목적을 위해서 가르칠 때 그 진정성이 확보된다.

    본서는 장로교회가 고백하는 웨스트민스터 신앙고백서를 교회의 목사가 직접 설교하는 방식으로 담아내고 있다. 단순한 교리 해설이 아니라 성도들을 세우기 위한 신앙고백의 목적에만 충실하기에 담백하다. 무엇보다도 웨스트민스터 신앙고백서 전체를 삼위일체 하나님 안에서 펼쳐낸 의미 있는 작품이다.

Westminster Confession of Faith: Church's Doxology to the Triune God
Written by Jang Jea-chul
All rights reserved.
Korean Edition Copyright ⓒ 2018 by Christian Literature Center, Seoul, Korea

웨스트민스터 신앙고백서 해설
삼위 하나님을 향한 교회의 찬송

2018년 12월 14일 초판 발행

| 지은이 | | 장재철 |

편집		곽진수
디자인		신봉규, 전지혜
펴낸곳		(사)기독교문서선교회
등록		제16-25호(1980.1.18)
주소		서울특별시 서초구 방배로 68
전화		02-586-8761~3(본사) 031-942-8761(영업부)
팩스		02-523-0131(본사) 031-942-8763(영업부)
이메일		clckor@gmail.com
홈페이지		www.clcbook.com

ISBN 978-89-341-1905-0 (93230)

이 도서의 국립중앙도서관 출판예정도서목록(CIP)은
서지정보유통지원시스템 홈페이지(http://seoji.nl.go.kr)와 국가자료공동목록시스템(http://www.nl.go.kr/kolisnet)에서 이용하실 수 있습니다. (CIP제어번호: CIP2018038081)

이 책의 저작권은 저자와 (사)기독교문서선교회가 소유합니다. 신저작권법에 의하여 한국 내에서 보호받는 저작물이므로 무단 전재와 무단 복제를 금합니다.

♠ *Westminster Assembly and the Reformed Faith Series 6* ♠
- Westminster Confession of Faith: Church's Doxology to the Triune God -

장재철 지음

CLC

저자 서문

장재철 목사

대전언약교회 담임

말씀을 통해 자신을 드러내길 기뻐하시는 하나님은 그 말씀을 교회의 형편을 따라 다양하게 선포하십니다. 그 대표적인 것이 교리(신앙고백)입니다. 교리는 성경이라는 진리의 말씀을 교회의 필요에 따라 '전체 성경'(토타 스크립투라, *tota scriptura*)의 관점으로 선포하는 하나님의 말씀입니다. 곧 성경을 보는 관점은 크게 두 가지로 이해할 수 있다.

첫째, 흔히 성경 신학이라고 일컬어지는 방식으로, 계시된 말씀의 현장을 포착하여 그 현장에 계신 하나님을 언약과 구속, 그리고 하나님 나라의 전진과 연결하는 방식입니다.

둘째, 교의신학이라고 일컬어지는 방식으로 성경을 전체 성경의 관점에서 보는 것으로서, 말씀의 현장, 곧 특정한 성경만이 아니라 창세기부터 요한계시록까지 성경 전체가 무엇을 말씀하는지를 밝히는 방식입니다.

예를 들어 전자는 다윗의 왕적 사역의 현장을 포착하여 그리스도의 왕적 사역의 특정 부분을 밝히 드러내어 계시 역사의 전진을 밝힌다면 후자는 다윗의 왕적 사역은 성경 전체에 나타난 그리스도의 왕적 사역의 한 부분으로 기여하는 것으로 이해합니다. 곧 다윗뿐 아니라 솔로몬 등 수많은 왕들의 사역을 살핌으로써 그리스도의 왕적 사역 전체를 밝히는 것이 교의적으로 성경을 이해하는 방식입니다.

이렇듯 전자의 성경 읽기를 우리 선배들은 '오직 성경'(솔라 스크립투라, *sola scriptura*)이라 불렀고, 후자를 '전체 성경'(토타 스크립투라, *tota scriptura*)이라고 불렀습니다. 이 두 방식으로 설교함으로써 교회는 하나님의 말씀을 풍성하게 볼 수 있으며 나아가 이단과 인간 교만의 거친 도전에 대항하여 교회에 안전한 울타리를 쳐 줍니다. 특히 후자인 전체 성경의 방식은 공교회적으로 확증되어 교회에서 '요리문답,' '신경,' '신앙고백' 등의 다양한 이름으로 고백되었습니다. 교리야말로 성경을 전체적으로 보는 가장 좋은 방편입니다.

이런 다양한 교리서들 가운데 우리가 웨스트민스터 신앙고백서에 주목하는 이유는 웨스트민스터 신앙고백서가 장로교회에서 고백하는 신앙고백이기 때문이 아니라 보편성을 띠고 있기 때문입니다. 곧 신앙고백서는 단지 특정 교회의 신학적 입장을 대변하는 분파적인 고백 정도가 아니라 성경을 바르고 정직하게 고백하는 보편성에 그 생명이 있습니다. 웨스트민스터 신앙고백서는 장로교회의 신학적 입장을 대변하는 것을 넘어서 성경의 진리를 가장 정직하게 그리고 찬란하게 드러낸 공교회의 보편적 신앙고백입니다.

바로 이것이 니케아신경에 나온 "우리는 하나의 거룩하고 사도적인 공(보편)교회를 믿습니다"의 네 가지 요건 중의 하나인 '보편성'입니다. 곧 교회의 생명은 보편성에 있습니다. 교회의 보편성이 성경에 기초한다는 것은 옳지만 추상적입니다. '성경을 어떻게 고백하느냐,' 곧 신앙고백을 통해 성경을 바르고 정확하게 그리고 풍성히 볼 수 있습니다. 그런 의미에서 웨스트민스터 신앙고백서는 교회의 생명과 직결된 신앙고백서입니다.

웨스트민스터 신앙고백서가 고백되고 설교되는 교회는 그리스도의 복음이 선포되는 보편교회입니다. 비록 설립된 지 몇 년 되지 않고 사람이 적은 교회이지만 신앙고백이 설교되고 고백된다면 2,000년 교회 역사에 우뚝 서 있는 보편교회입니다.

바로 이 보편교회를 향한 뜨거운 열정이 본서를 쓰게 한 동기입니다. 교회에서 매주 설교하고 심방하는 저에게 가장 중요한 것은 예수 그리스도가 선포한 복음, 사도가 선포한 복음을 더하거나 빼지 않고 그대로 선포하는 것입니다. 곧 그리스도를 직면케 하는 것이 저의 목표입니다. 이를 위해 오전에는 본문 설교, 오후에는 신앙고백을 설교하고 있습니다. 특히 신앙고백을 설교함으로써 하나님의 뜻을 전체 성경을 통해 볼 수 있으며, 이를 통해 우리 교회가 보편교회로 서 가는 것을 눈으로 목도할 수 있습니다.

신앙고백(교리)은 성경과 견줄 수는 없지만 삼위 하나님이 교회에 주신 가장 귀한 선물임을 확신합니다. 교회에게 주신 값진 선물이 이 작은 책을 통해서 더욱 찬란히 드러나길 기대합니다.

이 작은 책이 직분자의 손에 들려 복음을 바르게 선포하는 데 귀하게 쓰인다면, 그리고 성도들이 읽고 성경을 바르게 이해한다면, 그리하여 교회가 바르게 서 간다면 이보다 더한 기쁨이 어디에 있겠습니까!

바로 본서는 그런 기쁨을 위한 무익한 종의 작은 수고입니다.

끝으로 본서가 나오기까지 개혁주의 교회를 가르쳐 주신 장희종 목사님, 신학적 목회적 스승되신 유해무 교수님, 그리고 웨스트민스터 총회 시리즈 제 6권으로 출간을 위해 수고해 주신 CLC(기독교문서선교회)의 박영호 목사님과 직원분들께 감사드립니다. 항상 수고와 인내 그리고 격려를 아끼지 아니한 아내 소현과 언약의 두 자녀 은솔과 한별, 아들을 위해 염려하시고 기도하시는 사랑하는 어머니, 그리고 필자의 양 떼인 대전언약교회의 성도들의 지지와 기도에 깊은 감사를 표합니다.

2018년 8월 13일

목차

◆ 추천사 1 장희종 목사 (대구 명덕교회 원로)

◆ 추천사 2 유해무 박사 (고려신학대학원 교의학 교수)

◆ 추천사 3 김재윤 박사 (아세아연합신학대학교 교의학 교수)

◆ 저자 서문   6

제1장	성경	11
제2장	삼위일체 하나님	19
제3장	하나님의 영원한 작정	26
제4장	창조	33
제5장	사람의 타락, 죄와 그 징벌	40
제6장	하나님이 사람과 맺으신 언약	47
제7장	중보자 그리스도	54
제8장	효력 있는 소명	61
제9장	칭의	68
제10장	성화	75
제11장	믿음과 회개	82
제12장	선행	89

제13장	은혜와 구원의 확신	96
제14장	하나님의 법	103
제15장	기독 신자의 자유와 양심의 자유	110
제16장	종교적 예배와 안식일	118
제17장	국가 공직자	125
제18장	결혼과 이혼	132
제19장	교회	139
제20장	세례	147
제21장	성찬	154
제22장	교회 권징	161
제23장	대회와 공회의	168
제24장	사람의 사후 상태와 죽은 자들의 부활	175

◆ 부록: 웨스트민스터 신앙고백서 설교   182
설교 1. 모든 성경은 하나님의 감동으로 된 것이니(웨신 1장 "성경")   183
설교 2. 죄를 영광으로 조정하시는 하나님(웨신 6장 "사람의 타락 죄와 징벌")   200
설교 3. 율법을 창조하는 새 언약(웨신 7장 "하나님이 사람과 맺으신 언약")   215

제1장

성경
(웨신 1장)[1]

"설교를 통해 성경을 밝히 드러내신
삼위일체 하나님을 찬송합니다!"

1. 교리의 필요성

신앙고백(교리)은 하나님과의 언약 관계 안에 있는 우리에게는 참으로 귀하고 복된 선물입니다. 삼위일체 하나님은 당신의 언약을 성경에 기록하여 교회에 선물로 주시길 기뻐하셨습니다. 그뿐만 아니라 하나님은 신앙고백도 선물로 주시길 기뻐하시는데, 신앙고백은 성경을 원천 삼아 삼위일체 하나님을 고백하며, 악한 세상 그리고 죄와 싸워 이긴 승리의 흔적입니다. 신앙고백은 계시의 말씀인 성경에 대한 고백이며, 치열한 전투에서 교회가 얻은 값진 전리품입니다. 곧 신앙고백은 성경에 나타난 삼위일체 하나님에 대한 고백이며 거짓 진리에 대한 바른 진리의 고백입니다.

이는 교회의 신앙고백을 통해서 명확히 확인할 수 있습니다. 교회가 가장 먼저 고백한 사도신경은 삼위일체 하나님에 대한 고백입니다. 성부,

---

[1] "웨신"을 "웨스트민스터 신앙고백서"의 약자로 사용합니다.

성자, 성령에 대한 바르고 정직한 교회의 고백입니다.

그런데 이 '고백'이라는 말은 참으로 깊은 의미를 담고 있습니다. 즉 마음속에 있는 생각, 사상 혹은 학문과 철학에서 말하는 하나님을 사색하는 것이 아니라, '성경을 따라서,' '성경에서 말씀하시는' 삼위일체 하나님을 고백함입니다. 따라서 사도신경은 인간의 사사로운 고백이 아니라 성경의 요약이며, 삼위일체 하나님의 공교회적 고백입니다. 그래서 교회에 가입하려는 사람들에게 삼위일체 하나님을 가르치는 교재로, 혹은 세례 예식 때의 서약으로서 사도신경이 쓰였습니다.

신앙고백은 성경을 따라서 성경의 핵심을 요약한 문서이며, 우리 신앙의 뼈대라고도 할 수 있습니다. 신앙고백을 잘 안다는 것은 성경을 잘 아는 것이며, 동시에 우리가 믿는 삼위일체 하나님이 누구이신지를 명확하게 아는 것입니다. 그래서 자신 있게 삼위 하나님을 고백할 수 있게 됩니다.

실제로 교회 역사에서 보면 이런 교리의 유효성과 탁월성 때문에 신앙고백은 '교회'와 '하나님 말씀'을 보호하고 울타리 쳐 주는 독보적인 방편으로 쓰였습니다.

지금도 수많은 이단이 있고 과거에도 역시 수많은 이단들이 있었습니다. 우리 신앙의 선배들은 이런 이단들을 막고 교회의 정통성을 확보하며 하나님 말씀을 순결하게 지키려고 할 때, 사도신경(약 390년), 니케아신경(325년), 칼케톤신경(451년), 아타나시우스신경(약 8세기 말 혹은 9세기 초), 하이델베르크 요리문답(1563년), 웨스트민스터 신앙고백서와 대소교리문답(1648년)과 같은 수많은 신앙고백(교리)을 사용하였습니다. 지금도 역시 수많은 이단들을 분별할 때 신앙고백(교리)만큼 유용한 것은 없습니다.

이렇게 신앙고백은 우리 신앙과 생활에서 아주 유용하고 중요합니다. 따라서 웨스트민스터 신앙고백서를 배우는 것은 아주 중요한 일이며 성경을 바르게 배우는 가장 확실한 방법이라고 할 수 있습니다.

2. 성경의 절대성

우리가 고백하는 웨스트민스터 신앙고백서에 대해서 이제 구체적으로 공부해 보겠습니다. 웨스트민스터 신앙고백서는 총 35장으로 구성되어 있는데, 그중에서 제일 먼저 등장하는 것은 '성경'에 대한 고백입니다. 다른 신앙고백서에 비해 성경에 대해 제일 우선적으로 고백한 점은 웨스트민스터 신앙고백서의 아주 독특한 성격과 기준을 나타냅니다. 이것은 성경의 절대성과 성경의 권위를 확보하기 위함입니다. 성경을 기준 삼아 이후 모든 교리를 기술하겠다는 전제이자 선언입니다. 곧 웨스트민스터 신앙고백서는 성경의 절대성과 권위를 가장 확실하게 선언합니다.

성경의 절대성과 권위를 생각할 때 요즘 세대를 한번 생각해 보게 됩니다. 반항을 미덕으로 삼고, 심지어는 권위를 부도덕하고 나쁜 것으로 여기는 악한 시대를 살아가고 있습니다. 이런 시대 조류에 물든 요즘 세대들은 세상의 권위뿐 아니라 하나님, 성경, 교회의 권위도 가볍게 여기고 행동하는 경우가 있습니다. 하지만 웨스트민스터 신앙고백서에서 고백하듯이 하나님이 주신 모든 권위는 합당한데, 특히 성경은 하나님의 말씀이기 때문에 더욱 권위가 있습니다(웨스트민스터 신앙고백서 1.4[2]). 따라서 우리는 하나님이 주신 모든 권위를 인정하되 특히 성경의 권위를 고백해야 합니다.

성경이 권위 있는 하나님의 말씀이라는 것은 여러 가지로 증명할 수 있는데, 웨스트민스터 신앙고백서 1.2에 "하나님이 이 모든 책(성경 66권)을 영감하시고"라고 고백합니다. 여기서 '영감'(靈感)이라는 단어가 중요한데, 영감은 디모데후서 3:16에 "모든 성경은 하나님의 감동으로 된 것으로"라

---

2 웨스트민스터 신앙고백서 1장 4절. 이하 괄호 안에서는 "웨스트민스터 신앙고백서" 표기 생략합니다. 본서에서 웨스트민스터 신앙고백서는 고신 총회에서 번역한 것을 표준으로 사용합니다(『헌법』[대한예수교장로회 고신총회, 2011]).

는 말씀의 '감동'(感動)에서 가지고 왔습니다. 곧 영감은 인간의 놀라운 생각과 사상을 말하는 것이 아니라 하나님이 직접 성경 저자들에게 불어넣어 주신 '숨결(영감)'입니다. 그래서 영어로는 이 영감을 "God-breathed"라고 번역했습니다. 성경은 인간의 즉흥적인 생각이나 위대한 사상을 표현한 책이 아니라 하나님이 직접 영감한 하나님의 말씀입니다.

또한 웨스트민스터 신앙고백서 1.5에서는 성경의 권위를 "성령의 내적 사역"(1.5)으로 고백합니다. 왜냐하면 성경은 그 자체로 그리고 교회의 증거로 충분히 하나님 말씀으로 인정되지만(1.4-5), 우리가 성경을 하나님의 말씀으로 인정하는 최종 권위는 성령께서 우리에게 내적으로 증거 하시기 때문입니다. 사람이 성경을 인정하기 때문이 아니라 오히려 성령께서 우리 안에 역사하셔서 성경의 권위를 증거 하시기 때문에 성경은 권위 있는 하나님의 말씀입니다.

따라서 우리는 성경의 절대 권위에 순종하고 우리의 신앙과 생활의 모든 것을 성경을 통해 지도 받아야 합니다.

3. 성경의 필요성

그러면 하나님이 직접 영감하신, 권위 있는 성경이 필요한 이유는 무엇일까요?

그것은 우리의 구원 때문입니다. 웨스트민스터 신앙고백서 1.6에 보시면 "하나님이 자기 영광과 사람의 구원"에 필요한 모든 것을 성경에 기록하였다고 고백합니다. 곧 죄인인 우리가 구원받는 길은 오직 성경만이 가르쳐 줍니다. 그런데 특이한 것은 웨스트민스터 신앙고백서에서는 성경의 필요성을 단지 우리의 구원을 위해서라고 말하지 않고 항상 '하나님의 영광'과 연결시키고 있습니다. 위에서 본 대로 1.6에서도 "하나님이 자기 영광과 사람의 구원"이라고 고백하며, 1.5에서 성경의 의도를 "(모든 영광을 하나님께 돌리는) 전체의 의도"라고 말하면서 하나님의 영광과 구원을 연결시키고 있습니다.

이는 아주 탁월한 고백입니다. 만일 구원이 '구원받았다'는 우리의 이익에서만 멈춘다면 구원은 세상의 것과 동일하게 지극히 세속적, 기복적인 것입니다. 칼빈 선생님이 말씀한 대로 신자의 모든 것이 하나님의 영광과 관련이 있는데, 우리의 구원 역시도 하나님의 영광을 위한 것입니다. 하나님의 영광을 구원의 목적으로 돌리는 것은 하나님을 가장 높이는 방법이며, 성도의 가장 합당한 찬송입니다.

또한 성경의 필요성을 웨스트민스터 신앙고백서에서는 '믿음과 생활에 필수불가결한 모든 일' 때문이라고 고백합니다(1.6). 구원뿐 아니라 우리가 겪게 되는 인생의 다양한 갈등과 선택 앞에서 성경은 가장 확실한 등불입니다. 곧 성경을 따라서 우리는 일상의 모든 문제를 판단합니다. 왜냐하면 성경은 신앙과 생활의 유일한 표준이기 때문입니다.

그렇다면 성경을 따라서 판단한다는 것이 무엇일까요?

그것은 웨스트민스터 신앙고백서에서 두 가지로 대답합니다.

첫째, 성경에 명시적으로 기록된 것은 그대로 따르라고 합니다(1.6). 예를 들면, 주일성수나 예배는 성경에 명시적으로 지시하기 때문에 논의의 대상이 아니라, 문자적으로 지켜야 합니다(출 20:8, 10, 11; 사 56:2, 4, 6, 7).

둘째, 성경에 명시적으로 나와 있지 않는 것은 "합당하고 필연적인 추론"을 통해서 판단하라고 고백합니다(1.6). 곧 진로의 문제나 이성교제의 문제 등은 "합당하고 필연적인 추론"을 통해서 판단할 수 있습니다. "합당하고 필연적인 추론"이란 "선하고 필연적인 결론"(good and necessary consequence)입니다.

예를 들면, 직장을 선택하는 문제에 대해 성경에 명시적으로 나와 있지 않지만 하나님 사랑(영광)과 이웃 사랑(마 22:37-40)이라는 말씀에 근거하여 선하고 필연적인 결론을 내릴 수 있습니다. 곧 자신의 욕심과 남들에게 듣는 명성 때문이 아니라 하나님 영광과 이웃 사랑이라는 성경을 기준 삼아 직업을 결정할 수 있습니다. 이것이 바로 성경을 따라 판단하는 "선하고 필연적인 결론"입니다.

4. 설교의 필요성

그러면 이제 성경 말씀을 듣는다는 것이 무엇인지를 웨스트민스터 신앙고백서를 통해서 생각해 봅시다. 우리가 어떤 결정을 하려면 성경 말씀에 귀를 기울여야 합니다.

그런데 과연 성경 말씀을 듣는다는 것이 무엇일까요?

이에 대해서 웨스트민스터 신앙고백서 1.8에 잘 나타납니다. 1.8에서 성경은 원래 히브리어, 헬라어로 기록되어 있는데, 모든 성도가 원어를 알지 못하므로 각자의 언어로 번역해서 읽어야 한다고 고백합니다.

이것은 종교개혁 당시의 로마 가톨릭교회를 겨냥한 것인데, 로마 가톨릭교회는 사람들이 알아들을 수 없는 라틴어로, 즉 성직자 계급이 쓰는 언어로 성경을 읽고, 미사(예배)를 집례 하였습니다. 곧 사람들은 미사(예배)에 참여했지만 하나님의 말씀을 단 한 마디도 들을 수 없었습니다. 눈으로 예배를 보기만 했습니다. 그래서 종교개혁자들은 교회를 개혁하면서 가장 먼저 한 일이 성경을 자국어로 번역하는 일과 예배 시에 자국어로 집례 하되, 특히 성도들이 쓰는 각 나라의 언어로 설교했습니다.

여기서 우리는 성경 말씀을 듣는 것이 무엇인지 알 수 있습니다. 성경을 자신들의 언어로 번역하는 것은 단순한 번역 작업이 아니라 하나님의 말씀을 바르게 듣는 것으로서, 예배 가운데 설교를 통해서 성도들에게 바른 말씀을 설교하는 것으로 정점을 찍습니다. 곧 참된 들음은 설교에서 시작됩니다. 바울이 데살로니가 교인들이 자신의 설교를 사람의 말로 받지 않고 하나님의 말씀을 받았다고 하면서 그들의 태도를 칭찬하였습니다.

> 이러므로 우리가 하나님께 끊임없이 감사함은 너희가 우리에게 들은 바 하나님의 말씀을 받을 때에 사람의 말로 받지 아니하고 하나님의 말씀으로 받음이니 진실로 그러하도다 이 말씀이 또한 너희 믿는 자 가운데에서 역사하느니라(살전 2:13).

바울의 설교는 단지 인간의 권면이나 덕담이 아니라 하나님의 말씀입니다. 하나님이 설교를 통해 성경을 바르게 들려주십니다. 따라서 설교를 통한 말씀 선포가 성경을 바르게 듣는 것이며, 이것이 성도들의 구원에 대한 문제, 인생의 여러 가지 문제에 대한 답입니다. 우리가 성경의 권위를 인정하고 성경을 통해 인생의 길을 걸어갈 때 반드시 필요한 것은 설교입니다. 교회의 설교를 통해서 우리는 성경 말씀을 들으며 우리의 진로에 대한 선하고 필연적인 결론을 내릴 수 있습니다.

이와 같이 설교는 아주 중요합니다. 우리가 하나님을 사랑하고 성경 말씀을 따르길 원한다면 자신이 속한 교회의 설교에 귀를 기울이십시오. 그것이 바로 하나님의 말씀인 성경의 권위를 인정하고 순종하는 유일한 방법입니다.

이렇게 성경은 교회의 설교를 통해 하나님의 영광과 우리의 구원 그리고 생활에 대한 모든 것을 알려 주기 때문에 성경만으로 충분합니다. 이를 '성경의 충분성'이라고 합니다. 신앙과 인생의 모든 문제에 대해 우리는 성경을 통해서 충분히 해결책을 찾을 수 있고 찾아야 합니다. 왜냐하면 하나님은 성경을 통해 모든 것을 말씀하시기 때문입니다.

그런데 요즘 성경만으로 충분한 답을 얻지 못해 이상한 집회에서 예언이나 기도를 받으며, 자신의 교회와 목사님의 설교보다 교회 밖의 집회를 더

의지하는 경우가 종종 있습니다. 이것은 성경과 교회를 온전히 신뢰하지 않는 태도이며, 성경을 온전히 신뢰하지 않고 낯선 이의 음성을 듣는 것입니다. 종교개혁자 츠빙글리가 베른 논쟁(1528)에서 이런 이들을 향해서 다음과 같은 아주 따끔한 충고를 했습니다.

> 그리스도께서 그 유일한 머리가 되시는 거룩한 기독 교회는 하나님의 말씀으로 태어나고 동시에 하나님의 말씀 안에 거하며, 낯선 이의 음성을 듣지 않는다.

우리에게 당신의 말씀인 성경을 주시고 또한 설교를 주심으로 성경을 밝히 드러내신 삼위일체 하나님, 그분만을 영원히 찬송합니다. 아멘!

제2장

삼위일체 하나님
(웨신 2장)

"삼위일체 하나님을 영원히 찬송합니다!"

퀴즈를 하나 내 볼까요?

우리 기독교와 비슷한 종교가 하나 있습니다. 바로 유대교입니다. 유대교는 여호와 하나님을 믿고, 구약성경을 경전으로 삼고, 아브라함을 아버지로, 모세를 위대한 지도자로 여긴다는 점에서 기독교와 유사한 점이 많은 종교입니다.

이렇게 유사한 점이 많은 유대교와 우리 기독교의 차이점은 무엇일까요? 그것은 삼위일체 하나님에 대한 고백입니다. 우리 기독교는 여호와 하나님을 믿되, 삼위일체 하나님 안에 계신 여호와 하나님을 믿습니다. 곧 성부, 성자, 성령 안에 계신 성부 하나님을 믿습니다. 그러나 유대교는 여호와 하나님을 믿을지라도, 성자와 성령 하나님은 믿지 않습니다. 곧 기독교와 유대교는 유사하게 보일지라도, 서로 믿음의 대상이 완전히 다른 종교입니다. 바로 삼위일체 교리는 우리 기독교의 정체성과 신앙의 핵심입니다.

1. 삼위일체란?

'삼위일체 하나님'이라 하니 참 어렵게 느껴지죠?

실제로 삼위일체 교리는 기독교 교리 가운데 가장 이해하기 어려운 교리 중 하나입니다. 고대 교회의 역사는 삼위일체 교리의 투쟁사라고 할 만큼 삼위일체 교리에 대한 많은 이단들이 있었고 지금도 여전히 많은 이단들이 존재합니다. 삼위일체를 부인하는 이단들의 한결같은 특징은 삼위일체 하나님을 성경을 따라 고백하기보다는 자신의 이성에 따라 고백한다는 점입니다. 도무지 인간에게서 삼위일체와 비슷한 점을 찾을 수 없기 때문에 어떤 이들은 철학과 이성, 경험을 동원해서 설명하려고 하지만 결국에는 성경과 다른 하나님을 만들어 이단으로 정죄를 받았습니다.

1) '삼위' 하나님

자, 그럼 삼위일체 하나님을 성경을 따라서 살펴볼까요?

삼위일체 하나님을 바르게 고백하기 위해 가장 우선적으로 성경을 따라 성부, 성자, 성령을 '하나님'으로 고백해야 합니다. 성부, 성자, 성령 하나님에 대하여 성경은 각각 다음과 같이 말씀합니다.

> 이스라엘아 들으라 우리 하나님 여호와는 오직 유일한 여호와이시니 (신 6:4).

> 그의 아들 예수 그리스도 안에 있는 것이니 그는 참 하나님이시오 영생이시라(요일 5:20).

네가 성령을 속이고 땅값 얼마를 감추었느냐 … 사람에게 거짓말한 것이 아니요 하나님께로다(행 5:3-4).

베드로가 밭 값을 속인 아나니아와 삽비라를 보고 처음에는 성령을 속였다고 말했다가 후에는 그 동일한 성령을 하나님이라고 말씀합니다. 성령을 하나님이라고 부른 데서 성령이 하나님임을 명확하게 알 수 있습니다.

이처럼 성경은 분명하게 '성부,' '성자,' '성령'을 하나님으로 말씀합니다. 곧 성경은 하나님을 '세 분'으로 말씀합니다. '세 분'을 조금 어려운 말로 '삼위'(三位)라고 합니다. 여기서 '위'(位)는 '인격'(Person)을 가리키는 것이며, 성부, 성자, 성령의 세 위격(인격)을 가진 하나님임을 의미합니다.

2) '일체' 하나님

그런데 삼위일체 하나님은 '삼신'(三神)이 아닙니다. 삼위일체 하나님은 '일체'(unity)입니다. 일체 역시 성경에서 말씀하고 있습니다.

예배 때 강복선언(축도)의 구절인 고린도후서 13:13에서 성부, 성자, 성령의 한 하나님의 권위로 교회에 복을 선포할 아니라, 마태복음 28:19의 세례 명령에서 "그러므로 너희는 가서 모든 민족을 제자로 삼아 아버지와 아들과 성령의 이름으로 세례를 베풀고"에서 '이름'이 복수가 아니라 단수로 나옵니다. 만일 삼위일체 하나님이 삼신이라면 '이름들'이라는 복수를 썼을 텐데, 그렇지 않고 '이름'이라고 단수를 쓰는 데서, 삼위일체 하나님은 한 분(일체)임을 명확히 알 수 있습니다. 한 분이신 하나님은 실제로 하시는 사역에서도 일체를 이룬다는 것을 명확히 알 수 있습니다.

요한복음 14:11에서 예수께서 자신이 성부 하나님과 일체를 이루신다는 것을 말씀하십니다.

> 내가 아버지 안에 거하고 아버지께서 내 안에 계심을 믿으라
> 그렇지 못하겠거든 행하는 그 일로 말미암아 나를 믿으라(요 14:11).

요한복음 14:11에 '안에'라는 표현이 성부와 성자가 일체를 이루는 것을 나타냅니다. 그런데 만일 '안에,' 즉 일체를 이룸을 믿지 못한다면 '그 일로 말미암아 나를 믿으라'고 말씀하십니다. '그 일'은 바로 구원 사역입니다.

성부, 성자, 성령 하나님은 분명히 다른 위격을 가지고 있지만 우리를 위한 구원 사역에서 명확하게 일체를 드러내십니다. 세 분이지만 결코 어떤 오차도 없이 마치 한 분이 하시는 것처럼 우리를 구원하십니다(엡 1:11). 사람의 이성으로 생각할 수 없는 한 분 되심(일체)을 구원 사역을 통해서, 말씀으로 우리에게 명확하게 선포하십니다.

3) 삼위 하나님의 위격적 독특성

동시에 우리는 삼위 하나님의 위격적(인격적) 특성 역시 알아야 합니다. 곧 성부, 성자, 성령 하나님은 고유한 위격이 있습니다. 이것을 웨스트민스터 신앙고백서 2.3에서 다음과 같이 고백합니다.

> 성부는 태어나지도 않고 나오지도 않으시며, 성자께서는 성부로부터 영원토록 태어나시고, 성령께서는 성부와 성자로부터 영원토록 나오신다(2.3).

성부와 성자와 성령 하나님은 모든 면에서 동등하시기 때문에 각 하나님에 대해 위격적 독특성을 찾지 않는다면, 위에서 말한 대로 '삼위일체' 하나님이 아닌 '일체' 하나님으로만 섬길 위험이 있습니다.

신앙고백서에서 고백한 대로 성부 하나님의 위격적 특성은 태어나지

않고 오히려 성자와 성령의 기원이 된 것이고, 성자 예수의 위격적 특성은 성부의 아들되심이며, 성령 하나님의 위격적 특성은 성부와 성자로부터 나오신 것입니다. 곧 삼위 하나님의 위격적 특성은 모두 삼위 하나님 사이의 관계에서 찾고 있습니다. 왜냐하면 삼위 하나님은 모든 영광, 권위, 능력 면에서 동일하기 때문에 서로의 관계에서만 각 위격적 독특성을 찾을 수 있기 때문입니다.

삼위 하나님은 각각의 위격을 가지신 하나님이시며, 동시에 우리의 구원 사역에서는 한 분(일체)으로서 '함께 사역(협의)' 하는 하나님이십니다 (엡 2:11).

이렇게 성경은 우리가 믿는 하나님을 세 분(삼위) 하나님임과 동시에 한 분(일체) 하나님임을 말씀합니다. 따라서 우리는 성경을 따라서 삼위일체 하나님을 우리의 하나님으로 고백해야 합니다. 이것이 이성을 넘어선 성경에서 말씀하는 삼위일체 하나님입니다.

2. 삼위일체 이단

삼위일체 하나님은 성경을 따라서만 바르게 고백할 수 있습니다. 하지만 성경이 아닌 자신의 이성대로 생각하려는 이단들이 과거부터 지금까지 지속적으로 존재합니다. 교회 역사에서 삼위일체 하나님에 대한 가장 큰 이단은 크게 두 가지로 나뉠 수 있습니다. 양태론과 종속론입니다.

양태론(樣態論)은 이름에서 보여 주듯이, 하나님은 실제 한 분인데 양태(모양)가 여럿이라 주장하는 이단입니다. 예를 들면 어떤 사람이 학교에서는 학생, 집에서는 아들, 교회에서는 성도인 것처럼 실제로는 한 명이지만 다른 역할을 한다는 것이 양태론입니다. 양태론의 이단은 그럴듯하게 보이지만 잘못되었습니다. 만일 양태론이 맞다면 십자가에서 예수께서 "아버지여 아버지여 어찌하여 나를 버리셨습니까?"라고 절규하신 것은 예수께서 자신에게 절규하는 원맨쇼에 불과하게 됩니다. 양태론은 성부 하나님을 십자가에 못 박고 성령 하나님을 없애는 무서운 결과를 초래하는 이단 교리입니다.

종속론(從屬論)은 성부 밑에 성자와 성령이 종속되어 있다는 이단 교리입니다. 곧 성부가 가장 높은 하나님이고, 성자는 성부보다 열등한 하나님이며, 성령은 성부와 성자보다 열등한 하나님이라 주장합니다. 특히 종속론에서 이단들은 예수를 하나님으로 인정하지 않습니다. 종속론은 예수를 하나님이 만드신 피조물 가운데 가장 우수한 피조물, 거의 신적 존재와 같은 피조물이라고 하면서 하나님으로는 인정하지 않습니다. 그래서 이들은 예수의 말씀, 이적, 대속 사건을 인간 중에서 뛰어난 인간이 할 수 있는 최고의 이적, 교훈, 희생이라고 생각합니다.

그러나 성경은 예수를 분명히 하나님으로 말씀하고(요일 5:20; 5:8; 마 3:16-17; 28:19; 고후 13:13), 예수의 말씀을 인간의 교훈이 아니라 하나님의 말씀(계시)이라고 말씀하며, 동시에 대속 사건은 하나님만이 하실 수 있는 일임을 말씀합니다(롬 1:4; 사 53:4, 11; 요 10:17-18).

바로 종속론에서 말하는 하나님은 성경에서 말씀하는 삼위일체 하나님이 아니라 자신들의 머리에서 나온 거짓 하나님임을 알 수 있습니다. 이런 거짓 교리에 대항해 우리 신앙의 선배들은 성경과 씨름하였고 동시에 이단들이 막강한 세상 권세를 등에 업고 공격할 때 생명까지도 내어놓으면서 성경에서 말씀하시는 삼위일체 하나님을 지켰습니다. 우리가 믿는 삼위일체 하나님은 결코 지성의 산물이 아니라 교회를 위해 생명을 내놓는 우리 선배들의 값비싼 희생의 고백입니다.

3. 삼위일체 하나님을 바르게 예배함

이렇게 삼위일체 교리는 성경에서 말씀하시는, 하나님에 관한 참되고 바른 가르침입니다. 우리는 삼위일체 하나님을 우리의 하나님으로 고백해야 합니다.

그렇다면 어떻게 삼위일체 하나님을 우리의 삶에서 바르게 예배하고 고백해야 할까요?

가장 먼저 우리가 하나님을 부르거나 기도할 때 '하나님'이라고만 부르지 말고 '삼위일체 하나님'이라고 부르는 것이 좋습니다. 그때 우리는 유대교에서 말하는 단일신으로서의 하나님이 아니라 성경에서 말하는 삼위일체 하나님을 의식할 수 있습니다.

또한 삼위일체 하나님께 기도하고 찬송과 예배를 드릴 수 있습니다. 그리고 성경을 삼위일체적으로 읽어봅시다. 성경을 읽을 때 성부 하나님의 작정하심, 성자 예수의 작정의 실행, 성령 하나님의 구원 적용이라는 사역을 각 본문에서 찾아내면서 읽으면 우리 구원을 위해 삼위 하나님이 어떻게 함께 사역하시는지를 확인할 수 있습니다. 그때 우리는 단일신 하나님이 아니라 삼위일체 하나님을 찾고 감사할 수 있습니다.

"나는 한 분 하나님을 생각할 때 세 분 하나님을 생각하지 아니할 수 없고, 세 분 하나님을 생각할 때 한 분 하나님에게로 휘감긴다"는 고대 교부의 말을 기억하면서 우리에게 이토록 풍성한 구원을 허락하신 삼위일체 하나님을 영원히 찬송합니다. 아멘!

제3장

하나님의 영원한 작정
(웨신 3장)

"우리를 작정하시어 영원히 당신의 교제 가운데 두신
삼위일체 하나님을 영원히 찬양합니다!"

봄, 여름, 가을, 겨울이 쉼없이 그리고 틀림없이 오고 가는 것을 볼 때 가끔 이런 생각을 합니다.

어떻게 하나님이 한 번도 실수하지 않고 계절을 운행하실까?

한 번쯤은 실수로 봄 대신 여름을 주기도 하고, 가을 대신 겨울을 주실 수 있을 텐데 ….

그러나 하나님은 결코 실수하지 않으십니다. 왜냐하면 하나님은 만물을 그의 작정 가운데 운행하시기 때문입니다. 하나님은 만물을 우연히 혹은 즉흥적으로 운행하시는 것이 아니라 작정을 통해서, 그리고 작정은 창조와 섭리를 통해서 운행하십니다.

이런 완벽한 작정은 만물의 운행뿐 아니라 우리의 구원도 완벽하게 성취하십니다. 왜냐하면 작정의 핵심은 성도의 구원이기 때문입니다. 본 장에서는 구원의 가장 밑바탕인 작정에 대해 배우도록 하겠습니다.

1. 작정과 협의

웨스트민스터 신앙고백서 3.1은 작정에 대해서 다음과 같이 고백합니다.

> 하나님이 일어날 모든 일들을 영원부터 지극히 지혜롭고 거룩하신 뜻의 협의로 자유롭고 불변하게 정하셨다(3.1).

한 마디로 작정은 '모든 일에 대한 삼위일체 하나님의 정하심'입니다. 계절이 정한 때에 오는 것, 우리의 구원은 하나님의 작정으로 이루어집니다.

그런데 여러분, 이 작정에서 중요하게 생각해야 할 것이 있습니다. 그것은 바로 삼위일체 하나님이 함께 작정을 주도하십니다. 이를 웨스트민스터 신앙고백서에서는 '협의'(協議)라는 말로 고백합니다(3.1, 5, 7; 엡 1:11). 성부, 성자, 성령 하나님이 작정의 주체가 되어 모든 일을 함께 '협의'하십니다. 성부만이 작정의 주체가 되고, 성자와 성령은 소외되시는 분이 아닙니다. 앞 장의 "삼위일체 하나님"에서 배운 대로 하나님의 동등성이 작정의 '협의'에서 드러납니다. 특히 삼위일체 하나님의 협의는 우리의 구원에서 가장 명백히 드러납니다(엡 1:11; 마 3:16-17; 고후 13:13).

2. 하나님의 선하신 예정

작정은 모든 만물에 대한 것이지만 성경은 작정의 대부분을 주로 우리 구원에 할애합니다. 이를 '예정'이라 부릅니다. 웨스트민스터 신앙고백서 3장의 대부분은 우리의 구원에 대한 작정, 곧 예정을 고백합니다. 하나님이 어떤 사람은 영원한 생명으로, 어떤 사람은 영원한 죽음으로 예정하셨습니다(3.3). 이 수는 하나님의 작정으로 인해서 고정되고 한정돼 있기 때문에 늘어나거나 줄어들 수 없습니다(3.4).

　예정에 대한 이런 고백을 어떤 이는 잘못 오해하여 자신의 구원에 대해 불안해하기도 합니다. 심지어는 예정하시는 하나님을 폭군으로, 성경에서 말씀하지 않는 하나님으로 생각하기도 합니다. 곧 하나님은 모든 사람을 구원해 주셔야 하는데, 어떤 사람은 영원한 생명으로 예정하시고 어떤 사람은 버리신 것은 불의하고 불공평하지 않느냐고 항의합니다.

　그러나 여러분, 이것은 하나님과 성경을 대하는 바른 태도가 아닙니다. 왜냐하면 웨스트민스터 신앙고백서 3.5에 나오듯이 하나님은 "사람들의 믿음이나 선행이나 견인(견디고 인내함)을 미리 보심 없이 혹은 피조물에게 있는 어떤 자질이나 조건도 자기를 움직이게 하는 원인으로 삼지 않"고 선택하셨기 때문입니다. 우리의 어떤 것, 심지어는 믿음도 하나님의 예정의 조건이 되지 않습니다.

　오직 예정의 유익한 원천은 선하신 하나님 자체입니다. 그리고 그 하나님은 가장 자비로우시며 은혜로우신 선하신 분입니다(시 143:10). 만일 인간의 어떤 것이 기준이 된다면 그것은 불의하고 불공평할지 모릅니다. 하지만 절대 선이신 하나님만이 기준이 된다면 그것만큼 공정하고 의로운 것은 없습니다(롬 9:19-20).

　예정에 대한 또 다른 오해는 심판으로의 예정입니다. 어떻게 사랑의 하나님이 심판으로 예정하실 수 있느냐고 하면서 하나님이 마치 못하실 일을 하시는 것처럼 말합니다. 하지만 신앙고백서 3.7에 고백하듯이 하나님은 사람들을 심판으로 작정하시는 것을 기뻐하십니다. 여기서 기뻐한다는 것을 악마적인 기쁨이 아니라 죄를 공의로 심판하시는 것에 대한 찬양입니다. 사람은 원죄와 자범죄로 죽을 수밖에 없습니다. 그런 죄인을 심판하는 것은 하나님의 공의를 드러내는 것으로서 피조물은 이를 당연히 찬양해야 합니다(계 6:10). 심판하시는 것은 당연한 하나님의 하나님 되심입니다.

　여러분, 가만히 생각해 보십시오.

재판관이 죄를 지은 범죄자들에게 벌을 내리는 것은 당연합니다. 그런데 재판관이 그 범죄자들 가운데 일부에게 벌을 내리시지 않는다면, 벌을 받지 않는 범죄자는 그 재판관에게 감사해야지 결코 불평할 수 없습니다. 하나님의 심판은 당연한 것이고 오히려 구원으로의 예정은 하나님의 낯선 행위입니다. 곧 은혜입니다. 이것이 성경과 신앙고백서에서 말하는 하나님의 예정입니다.

웨스트민스터 신앙고백서 1.1에서 말하듯이 우리 하나님은 결코 죄의 조성자가 아닙니다. 오히려 예정을 통해서 우리는 더욱 하나님을 찬양해야 합니다.

3. 찬송의 재료인 예정

사랑하는 여러분!
예정 교리는 감사와 찬송의 제목입니다. 하지만 위에서 보셨듯이 많은 오해를 낳기도 합니다.
그렇다면 하나님이 이런 큰 오해가 발생할 수 있는 예정 교리를 말씀하신 이유는 무엇일까요?
그것은 바로 예정 교리가 구원의 확실성을 알려 주기 때문입니다. 이는 성경에서 명확히 말씀합니다. 에베소서 1:5에 다음과 같이 예정을 말씀합니다.

> 그 기쁘신 뜻대로 우리를 예정하사 예수 그리스도로 말미암아 자기의 아들들이 되게 하셨으니(엡 1:5).

에베소서 1:5은 1:3의 "찬송하리로다"라는, 하나님을 찬송하는 문맥 가운데 있습니다. 우리에게 베풀어 주신 구원을 찬송하는 문맥에서 예정을 말씀하지, 자신의 구원을 의심하는 문맥에서 말씀하지 않습니다. 곧 성경에서 예정은 항상 찬송의 재료로 등장합니다(롬 8:18-30). 예정은 구원이 우리에게 달려 있지 않고 하나님에게 달려 있다는 것을 말씀하기 위한 교리입니다.

여러분, 만일 구원이 우리에게 달려 있다고 생각해 보십시오.

그러면 우리는 하루에도 열두 번 천국과 지옥을 오갈 것입니다.

하지만 우리의 구원이 하나님에게 달려 있다면, 그보다 안전한 것이 어디에 있습니까!

바로 예정은 구원의 확실성입니다. 우리는 구원이 전적으로 하나님께 있다는 것을 찾다가 결국에는 성경에서 예정을 만나게 됩니다. 바울은 이것을 깨달았고, 개혁자 칼빈 선생님도 하나님이 죄인에게 베푸시는 최고의 은혜이자 찬송의 재료는 예정이라고 말합니다(3.8).

여러분! 우리가 예정되어 있다는 것이 얼마나 든든한 일인지요.

그리고 그 예정이 그리스도 안에서 성령을 통하여 확신할 수 있다는 것은 얼마나 위로가 되는지요.

세상은 다 불확실한 것들로 가득합니다. 영구적인 것은 없습니다. 젊음도 어느 순간 늙음으로 변합니다. 하지만 우리 하나님의 예정은 불변합니다. 우리는 하나님의 예정 안에서 참된 은혜와 위로를 맛봅니다.

4. 성취가 포함된 작정(예정)

여러분, 작정에 대해서 마지막으로 한 가지 더 생각해 봅시다.

어떤 이는 하나님의 작정이 중간에 바뀌거나 취소될 수 있지 않을까 생각합니다. 그래서 구원에서 탈락하지 않을까 불안해하기도 합니다. 이런 이들은 작정을 어떤 일을 실행하기에 앞서서 세우는 계획, 설계도 혹은 컴퓨터의 안에 있는 프로그램이라고 생각합니다.

하지만 이것은 전적으로 잘못된 생각입니다. 왜냐하면 사람의 계획이나 생각, 혹은 컴퓨터의 프로그램은 중간에 바뀔 수도 있고 심지어는 그것이 취소될 수도 있습니다. 하지만 하나님의 작정은 중간에 절대 바뀌거나 취소될 수 없습니다. 왜냐하면 하나님의 작정은 이미 성취를 포함하고 있기 때문입니다. 하나님의 말씀과 그 성취에는 결코 어떠한 간격도 없습니다. 곧 하나님의 신실하심과 전능하심이라는 두 성품이 작정과 성취를 하나로 만듭니다. 하나님은 한 번 말씀하시면 그것을 반드시 지키십니다.

> 어떤 자들이 믿지 아니하였으면 어찌하리요 그 믿지 아니함이 하나님의 미쁘심을 폐하겠느냐 그럴 수 없느니라 …(롬 3:3-4).

하나님의 구원 역사는 심지어 우리의 믿지 아니함도 폐할 수 없을 정도로 신실하게 이루어집니다. 구원을 작정하신 하나님은 반드시 구원하시는 신실하신 하나님입니다. 또한 하나님은 전능하신 분입니다.

사람들은 자신이 한 말을 신실하게 지키기 원하지만 능력이 없어서 그 신실함을 지키지 못하기도 합니다. 불치병에 걸린 자식을 어머니는 신실하게 지켜 주고 싶지만 병을 고칠 능력이 없습니다. 어머니는 아들에 대해서 신실하지만, 신실을 지킬 능력이 없습니다.

그러나 우리 하나님은 작정을 이루시기에 충분히 전능하신 분입니다. 곧 하나님이 한 번 작정해 놓으시면 그 어떤 것도 하나님의 작정을 막을 수 없습니다. 그래서 여호수아 1:3에서 아직 정복되지도 않은 땅을 "내가 너희에게 주었노니"라고 완료 시제로 말씀합니다. 아직 정복되지 않았는데, 완료 시제로 말씀하신 것은 하나님의 말씀 자체가 신실과 전능으로 성취를 포함하고 있기 때문입니다. 작정은 성취를 포함하고 있으므로 결코 우리는 작정을 의심해서는 안 됩니다. 오히려 작정하신 하나님을 영원히 찬양해야 합니다.

작정을 이해하기는 쉽지 않지만, 작정을 신앙고백서를 따라 배워 보니 오히려 하나님을 더욱 찬송하게 됩니다!

우리 하나님은 참으로 신실함으로 우리의 작정을 이루어 가십니다.

하나님은 작정을 이루기 위해서 하늘을 열어 만나를 주시고, 홍해를 가르는 수많은 능력을 아낌없이 베푸십니다!

심지어는 우리를 위해 그의 아들까지도 십자가에 내어주시는 상상할 수 없는 능력을 베푸시는 하나님입니다.

이런 하나님은 믿을 만하지 않습니까!

구속 역사 전체를 작정 안에서 조감하면서 삼위일체 하나님을 영원히 찬송합시다. 아멘!

제4장

창조
(웨신 4장)

"언약을 창조하신 삼위일체 하나님을 찬양합니다!"

　삼위일체 하나님이 온 우주에 있는 보이는 것과 보이지 않는 모든 것을 창조하셨습니다(4.1). 그리고 창조를 통해 우리는 하나님의 위대하심과 전능하심을 명확히 알 수 있습니다.
　또한 창조는 앞 장에서 배운 작정과 아주 밀접한 연관이 있습니다. 작정은 하나님이 모든 일들을 영원부터 미리 정하신 것을 의미하는데, 그 작정이 '창조'와 웨스민스터 신앙고백서 5장에서 배울 '섭리'를 통해 이루어집니다. 곧 작정은 반드시 '이루어지는 것(성취)'를 포함하는데, 그 성취의 실체가 '창조와 섭리'입니다. 따라서 '작정, 창조, 섭리'는 구분은 할 수 있지만 결코 분리되지 않는 하나의 교리입니다. 본 장에서는 이 하나의 교리 가운데 '창조'를 살펴보겠습니다.
　특히 창조는 진화론과 반대되는 교리입니다. 사회와 학교에서 강요당하는 진화론 때문에 많은 신실한 기독교인들이 힘들어하는데, 본 장을 통해서 창조에 대한 굳은 신뢰와 확실한 믿음을 고백하길 바랍니다.

1. 삼위일체 하나님의 창조

앞 장의 작정에서 제일 먼저 배운 것은 삼위일체 하나님의 '함께 의논하심(협의)'입니다. 작정이 삼위일체 하나님의 협의라면 자연스럽게 창조 역시 삼위일체 하나님의 '함께 사역하심(공역, 共役)'입니다. 곧 성부 하나님뿐 아니라 성자와 성령 하나님 역시도 창조에서 공역하십니다. 성자 하나님의 창조는 "그가 태초에 하나님과 함께 계셨고 만물이 그로 말미암아 지은 바 되었으니 지은 것이 하나도 그가 없이는 된 것이 없느니라"(요 1:2-3)에서 명백히 언급되고, 성령의 창조는 "하나님의 영이 나를 지으셨고 전능자의 기운이 나를 살리시느니라"(욥 33:4)에서 명백하게 언급됩니다.

그뿐만 아니라 교리적으로도 만일 어느 한 하나님이라도 창조 사역에서 빠진다면 그분은 열등한 하나님(?)이 되어, 제2장의 삼위일체에서 배운 '종속된 하나님'으로 전락하여 결코 하나님이라 할 수 없습니다. 따라서 창조에서 제일 중요한 것은 삼위일체 하나님이 창조에 함께 공역하셨다는 것이고, 이것을 웨스트민스터 신앙고백서 4.2에서 "성부, 성자, 성령 하나님은 … 만물을 엿새 동안 선하게 창조하시기를, 혹은 무(無)로부터 지으시기를 기뻐하셨다"라고 명쾌하게 고백합니다.

2. 무(無)로부터의 창조

하나님의 창조에서 우리가 고백해야 할 두 가지가 있습니다.

첫째, 무로부터의 창조입니다.

아무것도 없는 중에 하나님이 모든 만물을 지으셨습니다. 참으로 놀라운 진리입니다. 이 진리를 증명하기 위해 신앙을 가진 많은 과학자와 철학자들이 여러 가지 실험과 논증을 합니다. 하지만 이런 것은 약간의 도움이 될 수 있을지는 몰라도 궁극적으로 무로부터의 창조를 우리 마음에 명확하게 믿게 하지 못합니다. 하나님의 천지 창조는 계시이기 때문에 학문과 이성이 아니라 오직 믿음으로만 고백할 수 있습니다. 히브리서 11:3에서 말씀한 것처럼 오직 믿음으로만 하나님의 무에서부터의 창조를 고백할 수 있습니다(4.1).

> 믿음으로 모든 세계가 하나님의 말씀으로 지어진 줄 아나니
> 보이는 것은 나타난 것으로 말미암아 된 것이 아니니라(히 11:3).

무로부터 창조에서 우리가 배울 수 있는 중요한 점은 하나님의 전능하심입니다. 하나님은 아무것도 없는 중에 이렇게 질서 정연한 우주 만물을 만드신 참으로 전능하신 분입니다. 그런데 창조 전체를 감싸고 있는 하나님의 전능하심은 작정에서 출발하여 창조를 관통하여 섭리에서 절정을 이룹니다.

섭리는 만물을 다스리는 정도의 교리가 아니라 우리의 구원이 핵심입니다. 만물의 통치는 항상 우리의 구원을 겨냥하고 있는데, 그 섭리에서 하나님의 전능이 그리스도 구속을 통해 활짝 꽃핍니다(엡 1:19-20). 전능으로 만물을 작정하신 하나님이 창조를 통해서 그 전능을 밝히 드러내시고, 섭리를 통해서 전능의 절정을 우리에게 시위하십니다. 참으로 우리 하나님은 그의 아들, 예수 그리스도를 보내시기까지 전능하십니다(행 2:39).

우리는 전능하신 삼위일체 하나님을 찬양할 수밖에 없습니다!

3. 선하신 창조

둘째, 하나님의 선하신 창조입니다.

하나님은 절대 선이므로, 하나님이 만드시는 모든 것이 선하고 창조는 그의 선함의 드러남(발현)입니다. 우리는 여기서 선한 것이 무엇인지를 알아야 합니다. 선하다는 것은 윤리적인 선을 넘어선 하나님만이 선인 것을 의미합니다. 그래서 성경은 '하나님은 선하시다'고 그토록 자주 고백합니다(대상 16:34; 시 106:1; 107:1). 곧 선하다는 것은 하나님이 스스로 만족하시는 것이며, 하나님이 드러나는 것이 선함입니다. 그래서 창세기 1장에서 "하나님이 보시기에 좋았더라"고 말씀하면서 선의 기준이 하나님임을 말씀합니다(창 1:4, 10, 12, 18, 21, 25, 31).

간혹 선을 윤리와 도덕과 혼동하는 경우가 있는데, 만일 윤리와 도덕이 하나님이 없는 선을 추구한다면 이것은 인간의 자기 만족임을 기억해야 합니다.

이렇게 창조는 선하기 때문에 하나님을 결코 죄의 조성자(만드시는 분)로 만들지 말아야 합니다. 선악과와 사탄으로 인해 사람들은 하나님을 죄의 조성자로 만들려는 유혹에 빠지기도 합니다. 하지만 우리는 논리가 아니라 성경을 따라서 하나님의 선한 창조를 믿어야 합니다.

이성으로 하나님을 희생시키기보다는 오히려 말씀으로 모순을 고백하는 멋진 개혁파 성도가 됩시다!

4. 언약을 창조 (인간 창조)

하나님의 창조에서 가장 중요한 것이 있다면 바로 인간 창조입니다. 창세기도 1장의 만물 창조와 별도로 아예 2장에서 인간 창조를 집중적으로 말씀하고 있으며 웨스트민스터 신앙고백서 4.2에서 역시 인간 창조를 강조합니다.

인간 창조를 이렇게 중요하게 기록한 이유는 웨스트민스터 신앙고백서 4.2에서 나오듯이 오직 사람에게만 이성적이고 불멸적인 영을 갖고, 하나님의 형상을 따라 지식과 의와 거룩함이 있기 때문입니다.

인간은 다른 피조물이 가지지 못한 많은 월등한 점이 있지만, 한편으로 생각해 보면 다른 피조물보다 월등하지 못한 점도 많이 있습니다. 예를 들면 힘이나 육체적인 것은 맹수에 비해서 훨씬 미치지 못합니다.

그러나 성경은 인간의 탁월성을 힘 같은 육체적 능력으로 말씀하지 않고 '하나님의 형상'으로 말씀하고 있습니다. 하나님의 형상이란 인간이 하나님을 따라 지음을 받았다는 것인데, 이 형상은 오직 예수 그리스도 안에서만 찾을 수 있습니다. 왜냐하면 성경은 첫 사람 아담의 창조 후 바로 타락을 기록하여 하나님의 형상을 탐구할 기회를 우리에게 제공하지 않을 뿐만 아니라, 종말에 회복될 완전한 형상은 아직 오지 않았기 때문입니다. 곧 우리는 오직 하나님의 형상을 예수 그리스도 안에서만 찾을 수 있습니다.

그는 보이지 아니하는 하나님의 형상이시오(골 1:15).

그러면, 그리스도 안에서 찾을 수 있는 하나님의 형상은 무엇일까요?

그것은 바로 언약입니다. 언약은 일종의 관계인데, 그리스도께서 나타내시는 독특성은 누구도 가지지 못한 성부 하나님과의 친밀한 관계, 언약을 소유하고 있는 것입니다. 이것은 예수의 대제사장적 기도에서 잘 드러납니다. 요한복음 17:5에서 예수께서 성부 하나님께 기도하면서 창세 전에 가지고 있던 하나님과의 교제를 말씀합니다.

아버지여 창세 전에 내가 아버지와 함께 가졌던 영화로써 지금도 아버지와 함께 나를 영화롭게 하옵소서(요 17:5).

이 교제가 언약인데, 예수께서 이 언약을 소유했고, 언약은 하나님의 형상을 가진 자의 특권입니다. 성자 예수께서 언약을 소유했고, 이 언약으로 형상의 자태를 온전히 드러낼 수 있으며, 성부 하나님과 친밀한 교제를 하였습니다. 쉽게 표현하면 하나님과의 언약(관계)이 예수 그리스도가 가진 하나님 형상의 핵심이라고 할 수 있습니다.

따라서 우리는 하나님 형상으로 지음을 받았다는 것은 이성과 같은 다른 피조물이 가지지 못한 인간학에서의 탁월성을 말하는 것이 아니라 하나님과의 교제, 언약을 소유하고 있다는 사실임을 반드시 기억해야 합니다. 그래서 웨스트민스터 신앙고백서 4.2에서는 다음과 같이 고백합니다.

저들의 마음에 하나님의 법을 기록하시고 그것을 수행할 힘도 주셨다. … 그들의 마음에 기록된 이 법 외에도 그들은 선악의 지식을 알게 하는 나무를 먹지 말라는 명령을 받았다. 이 명령을 지키는 동안 그들은 하나님과 사귀면서 복락을 누렸고, 만물을 다스렸다(4.2).

창세기 1:27에서 하나님은 사람을 만드실 때 자기의 형상을 따라서 사람을 지었다고 말씀한 다음, 곧장 28절에서 문화명령을 주십니다. 이 문화명령은 그 자체로 의미 있는 것이 아니라 인간이 이 명령에 순종하는 것, 곧 하나님의 말씀을 순종함으로 오는 관계(언약)에 더 큰 의미가 있습니다. 하나님은 언약의 대상인 인간에게 말씀을 주시고 인간은 그 말씀에 순종함으로 언약을 확인합니다.

또한 창세기 2:16-17에서는 선악과에 대한 말씀을 주시는데, 이것 역시도 언약입니다. 선악과에 대한 말씀은 단순한 경고가 아니라 언약을 만들어 냅니다. 선악과에 대한 명령을 잘 지키면 하나님과 언약 안에서 즐겁게 교제하지만, 선악과에 대한 명령을 어기면 언약 밖에서 하나님을 진노로 만날 것입니다.

곧 하나님의 창조에서 가장 중요한 것은 바로 인간 창조인데, 인간 창조는 사람을 만들었다거나 다른 피조물보다 뛰어난 이성적 존재 정도가 아니라 하나님 형상으로의 창조이며, 이는 언약을 목표로 하고 있습니다. 따라서 우리는 하나님의 창조에서 감히 언약을 창조했다라고 말할 수 있습니다. 인간을 만드신 목적은 언약 안에서 교제하기 위함이며, 인간은 언약 안에서만 그 존재 의미가 있습니다.

창조는 결코 진화론과 맞서기 위한 기독교의 독특성 정도에서 멈추지 않습니다.

하나님이 전능한 능력으로 우리를 하나님의 형상으로 만드신 것이며, 동시에 이것은 언약 안에서 우리와 교제하시기 위함입니다!

그리고 이 언약적 교제는 그리스도 안에서 만개할 것입니다!

언약을 창조하신 하나님!

우리와 영원토록 교제하길 원하시는 하나님!

그 하나님만을 영원히 찬송합니다. 아멘!

제5장

사람의 타락, 죄와 그 징벌
(웨신 6장)

"타락을 구원으로 역전시키시는
하나님을 찬양합니다!"

본 장에서 우리가 배울 교리는 온 인류의 슬픔인 죄(타락)입니다. 아담과 여자가 지은 죄 때문에 우리는 원죄를 타고 났으며 죄를 짓고 죄의 고통 아래 신음하고 있습니다. 그럴 뿐 아니라 세상 모든 곳에 죄의 흔적들이 남아 있어 참으로 우리를 슬프게 합니다.

오늘은 웨스트민스터 신앙고백서를 따라서 성경에서 말씀하는 죄를 배우고 깊이 회개할 뿐 아니라 죄를 방임하지 않고 그리스도 예수 안에서 구원으로 역전시키시는 하나님을 찬양하는 시간을 갖도록 하겠습니다.

1. 인간의 교만

오늘 웨스트민스터 신앙고백서에서 배울 것은 6장 "사람의 타락, 죄와 징벌"입니다. 한 마디로 죄(타락)입니다. 성경의 많은 주제 가운데 죄를 생각하면 참 마음이 아픕니다. 왜냐하면 인간의 모든 불행과 비참이 죄에서 기원하기 때문입니다. 곳곳에 전쟁과 기근이 나고, 사람이 갑작스럽게 병으로 죽고, 또 끔찍한 범죄가 일어나고, 심지어 외모와 학벌로 사람을 평가하는 것도 바로 죄 때문입니다. 특히 신자에게 죄는 다른 어떤 교리보다 일상에서 슬픔으로 매순간 체감하는 교리입니다.

그러면 이렇게 무섭고 슬픈 죄가 어디에서 왔을까요?

성경은 첫 사람, 아담과 여자에게서 왔다고 말씀합니다(창 3장). 이를 웨스트민스터 신앙고백서 6.1에서도 동일하게 고백합니다.

> 우리의 첫 조상은 사탄의 간계와 유혹에 넘어가 금지된 실과를 먹어 죄를 지었다(6.1).

그런데 아담과 여자는 왜 타락했을까요?

사람이 보통 죄를 짓는 것은 부족한 돈, 명예, 권력 등을 갖고 싶어서입니다. 결핍이 타락의 가장 큰 이유입니다. 그러나 창조는 풍족 자체이고 특히 사람을 배려하여 만드신 에덴 동산에는 사람을 위한 모든 것이 있었습니다.

아담과 하와의 타락은 결핍 이상의 것, 곧 마땅히 품지 말아야 할 생각을 품었기 때문에 온 것입니다. 곧 하나님과 같이 되고 싶은 인간의 교만과 불신앙이 죄의 기원입니다. 이것은 자범죄와 다른 원죄, 죄의 뿌리입니다. 죄의 유혹은 최초로 사탄에게서 시작됩니다. 사탄은 "너희가 결코 죽지 않는다"는 것과 "선악을 아는 일에 하나님과 같이 된다"는 두 가지 거짓 유혹을 합니다(창 3:4-5). "너희가 결코 죽지 않는다"는 것은 "반드시 죽는다"(창 2:17)는 하나님의 말씀을 믿지 못하는 불신앙의 유혹입니다.

선악과를 먹으면 하나님과 같이 된다는 것은 인간의 한계를 초월해서 인간이 신이나 슈퍼맨이 되는 것이 아니라 "선악을 아는 일"(창 3:5), 즉 모든 판단 기준을 하나님이 아니라 인간 자신에게서 찾으려고 하는 인간의 독립 선언을 말합니다. 하나님에게 매이지 말고 독립해서 인간 스스로 결정하고, 자신이 중심이 되어서 행복을 추구하라는 교만으로의 유혹입니다.

이에 아담과 여자는 불신앙과 또 스스로 하나님처럼 되고 싶은 교만에 빠져서 선악과를 먹는 원죄를 지었습니다. 두 가지 모두 아담과 여자를 유혹했지만 특히 하나님을 떠나겠다는 독립선언인 교만은 불신앙을 만들어 내는 강력한 동인입니다. 하나님의 가장 위대한 창조 작품인 언약을 깨뜨리는 교만은 모든 죄의 근본이고 이것이 원죄입니다.

보십시오.

지금 현대를 살아가는 모든 사람들에게 한 가지 공통점이 있습니다. 바로 인생은 자신이 책임지고 자신이 개척하여 살아간다는 철저한 독립정신입니다. 겉으로는 멋있고 의지가 굳은 것처럼 보일지 모르지만 언약을 창조하시고 언약 안에서 하나님만을 의지하며 살게 하신 하나님의 인간 창조 목적을 거스릅니다.

불신 친구들이 열심히 공부하고 좋은 대학교에 가서 좋은 직장을 얻으려고 하는 이유가 무엇입니까?

이 세상을 자신의 힘으로 살겠다는 교만의 발로(發露)입니다. 하지만 하나님을 믿는, 언약 안에 있는 사람들은 자신이 맡은 일을 열심히 하지만 결코 그것을 하나님을 떠나게 하는 도구가 아니라 하나님이 주신 사명으로서, 하나님을 더욱 의지하게 하는 도구일 뿐입니다. 인간의 삶은 하나님이 섭리하시기 때문입니다.

> 사람이 마음으로 자기의 길을 계획할지라도
> 그의 걸음을 인도하시는 이는 여호와시니라(잠 16:9).

이것이 말씀 앞에 선 인간의 도리, 겸손입니다.

2. 전적 타락

아담과 여자의 타락에서 중요하게 생각해야 할 또 하나는 전적 타락입니다. 전적 타락은 웨스트민스터 신앙고백서 6장 전체에서 고백할 뿐 아니라 6.2에서 다음과 같이 명확하게 고백합니다.

> 영혼과 몸의 모든 기능과 부분이 전적으로 더러워졌다(6.2).

전적 타락에 대한 고백은 성경에 따른 고백이기도 하지만 역사상 인간의 전적 타락을 부정하고 인간의 가능성에 대해 긍정하려는 수많은 이단 사상에 대한 강력한 대응이기도 합니다. 교회 역사를 보면 펠라기우스, 알미니안주의자 같은 사람들 혹은 로마 가톨릭교회 등은 인간은 타락하기는 했지만 어느 정도의 선함은 남아 있어 스스로 구원을 얻을 가능성이 있다고 주장합니다. 그리고 이 주장은 지금까지 이어오고 있습니다.

이런 주장은 인간의 죄의 심각성을 약화시키고 하나님의 구원과 은혜를 가볍게 생각하게 만드는 위험한 사상입니다. 이런 이단적 주장의 근저에는 타락의 원인인 교만이 뿌리내리고 있습니다. 타락한 인간이 가진 아주 유한한 것에 영원이라는 의미를 부여하면서 인간이 마치 스스로 구원을 얻을 수 있다고 착각하는 자기 기만, 교만입니다.

이런 주장에 대해서 웨스트민스터 신앙고백서 및 개혁주의 신앙고백서들은 한결같이 인간의 전적 타락을 고백합니다. 우리는 하나님이 주신 원래 의를 상실하였고, 하나님과의 언약(교제)에서 타락하여 스스로는 도저히 하나님을 찾을 수 없습니다(롬 3:10-18). 어느 한 부분도 하나님을 찾을 수 있는 가능성이 전혀 없이, 완전히 타락하였습니다.

그러나 한 가지 주의할 것은 인간이 타락하였지만 악마가 된 것은 아닙니다. 간혹 어떤 사람은 인간이 악마가 되어서 인간이 하는 모든 행위를 부정하는 경우가 있습니다. 그러나 이것 역시 성경적인 생각이 아닙니다. 인간은 타락하였지만 여전히 하나님의 주권은 타락한 인간과 역사 속에서 역사하고 있습니다.

3. 죄의 전가

전적 타락을 다루면서 반드시 생각해야 할 또 하나는 바로 죄의 전가입니다. 웨스트민스터 신앙고백서 6.3에 다음과 같이 고백합니다.

> 이 죄의 죄책은 전가되었고(6.3).

'전가'(imputation)는 어떤 것을 다른 이에게 넘기는 것인데, 아담과 여자의 원죄가 후손들에게 전가(전수)되었습니다. 이것은 참으로 충격적입니다. 우리가 짓지 않은 죄를 아담과 여자 때문에 그대로 물려받다니요!
그러나 여러분, 전가 교리는 성경에서 분명하게 말씀하고 있습니다.

> 그러므로 한 사람으로 말미암아 죄가 세상에 들어오고 죄로 말미암아 사망이 들어왔나니 이와 같이 모든 사람이 죄를 지었으므로 사망이 모든 사람에게 이르렀느니라(롬 5:12).

"한 사람"은 아담인데, 아담으로 말미암아 죄가 세상에 들어왔습니다. 이것은 오고 가는 모든 후손, 곧 "모든 사람이 죄를 지었다"는 것을 말씀합니다. 원죄의 전가로 말미암아 아담과 여자의 죄가 단지 이들만의 문제가 아니라 온 인류에게 전가되고 그 전가된 죄로 인해 인류 모두가 죄인이 되어 마침내 모든 사람을 사망에 이르게 하는 가장 혹독하고 무서운 결과가 초래됩니다.

전가 교리에 대해서 다소 충격적일지 모르지만 우리는 성경을 믿어야 합니다. 특히 전가 교리는 성경 외에 그 누구도 알려 주지 않고, 알 수도 없는 교리입니다. 따라서 우리는 아담과 여자의 죄를 통탄해 하면서 우리 안에 죄의 본성에 대해서 겸손히 고백해야 합니다.

4. 타락을 영광으로 바꾸시다

그러면 하나님이 이런 온 인류의 타락을 방임하실까요?
그렇지 않습니다. 웨스트민스터 신앙고백서 6.1에 다음과 같이 고백합니다.

> 그들의 이 죄를 하나님은 자기의 영광을 목적으로 조정하신 후,
> 자기의 지혜롭고 거룩한 작정을 따라 허용하시기를 기뻐하셨다(6.1).

먼저 하나님이 죄를 허용하기를 기뻐하셨다고 합니다. 이 고백은 참으로 어렵습니다. 왜냐하면 하나님은 죄를 미워하고 죄를 싫어하시는 분이시기 때문입니다. 하지만 우리 신앙의 선배들의 이런 고백에는 분명한 이유가 있습니다. 웨스트민스터 신앙고백서 6.1을 자세히 보면, "하나님이 자기의 영광을 목적으로 조정하신 후"에 죄를 허용하기를 기뻐하셨다고 합니다. 곧 하나님이 죄를 자기 영광을 위하여 조정하고 난 후에만 죄를 허용하기를 기뻐하십니다.

그렇다면 자기 영광을 위하여 조정하신 것은 무엇입니까?
빌립보서 2:11은 다음과 같이 말씀합니다.

> 모든 입으로 예수 그리스도를 주라 시인하여 하나님 아버지께 영광을 돌리게 하셨느니라(빌 2:11).

하나님께 영광을 돌리는 것은 그리스도를 주(主)로 고백하기 때문인데, 주(主)로 고백하는 것은 예수를 믿는 것입니다. 곧 하나님은 죄를 방임하거나 혹은 심판하시지 않으시고 그리스도 안에서 사람들을 구원하셔서, 그 사람들로 하여금 하나님께 영광을 돌리게 합니다. 죄는 곧장 심판으로만 연결되어야 하는데, 하나님은 전혀 뜻밖에, 낯선 하나님으로 우리에게 나타나시어 구원을 주십니다. 이런 하나님께 사람들은 당연히 위대하고 놀랍고 자비롭고 은혜로운 분이라고 영광을 돌립니다.

동시에 이것은 "자기의 지혜롭고 거룩한 작정"을 따른 것이기도 합니다. 작정은 모든 일에 대해 미리 정하신 것인데, 그 미리 정하심의 핵심은 바로 우리의 구원입니다. 곧 예정입니다. 하나님은 인류 역사를 구속사로 작정하시고, 그 구속사 안에서 죄를 구원으로 바꾸시는 위대하고 자비로우신 분이십니다. 바로 이것이 하나님께서 죄를 허용하기를 기뻐하신 이유입니다. 하나님은 결코 죄를 기뻐하지 않습니다.

하지만 죄를 방임하거나 심판으로만 취급하지 않고 예수 그리스도 안에서 구원으로 이끄시니, 이것보다 하나님의 큰 기쁨이 어디에 있겠습니까!

그리고 우리 역시도 이런 놀라운 하나님을 우리 하나님으로 모시고 있으니 이 얼마나 감사한 일입니까!

아담과 여자의 원죄는 우리를 참으로 슬프게 하지만, 그 타락과 죄를 그리스도 예수 안에서 구원으로 바꾸시는 하나님은 우리의 슬픔을 기쁨과 찬송으로 바꾸십니다.

타락을 구원으로 단숨에 역전시키는 예수 그리스도의 하나님을 영원히 찬양합시다!

이것이 우리 인생의 목표인 송영입니다!

제6장

하나님이 사람과 맺으신 언약
(웨신 7장)

"예배를 통해서 언약을 누리게 하신
하나님을 찬양합니다!"

언약은 성경 전체를 관통하는 주제입니다. 하나님이 만물을 창조하신 핵심에는 하나님과 사람 간의 언약이 있으며, 타락은 언약의 파기이고, 구원은 바로 언약의 회복입니다. 곧 우리 하나님은 언약의 하나님이며, 우리는 언약 백성이라고 해도 과언이 아닙니다. 본 장은 이 중요한 언약을 함께 배워 보겠습니다.

본 장에서 배울 언약을 통해 삼위일체 하나님과의 언약 안으로 깊이 들어가 삼위일체 하나님을 마음껏 찬송하시길 바랍니다.

1. 언약, 하나님과 우리를 묶는 띠

"언약"이라는 말은 '언약 백성,' '언약의 말씀' 등으로 평소 교회나 신앙생활에서 자주 듣는 말입니다. 자주 듣는다는 것은 그만큼 중요하다는 뜻입니다. 왜냐하면 언약은 성경 전체를 관통하는 주제이기도 하고 하나님과 우리의 관계를 나타내는 가장 성경적인 용어이기 때문입니다.

'언약'(covenant)은 문자적으로 약속이라는 뜻입니다. 그러나 성경에서 언약이라는 말을 사용할 때는 단순한 약속을 넘어서 하나님과 우리와의 '관계'를 의미합니다. 곧 언약은 일반적인 약속과 다른 약속입니다.

일반적인 약속은 동등한 입장에서 발생하는 관계입니다. 노동자와 경영자가 노동과 임금을 서로 교환하기로 약속하면, '노동자-경영자(노사)'라는 관계가 발생합니다. 곧 서로 주고받을 것을 합의하고 이행하면 관계가 발생합니다. 이것을 일반적으로 약속이라고 합니다.

하지만 '언약'은 이런 일반적인 약속에 해당하지 않습니다. 왜냐하면 언약의 대상자인 하나님과 우리는 동등하지 않기 때문입니다. 웨스트민스터 신앙고백서 7.1에서 다음과 같이 고백합니다.

> 하나님과 피조물 사이의 간격이 너무 크기 때문에 …(7.1).

하나님은 창조주이고 사람은 창조주가 만드신 작은 피조물에 불과하기 때문에 하나님과 사람은 어떤 거래도 할 수 없습니다. 하나님은 우리를 통해 얻을 유익이 하나도 없기 때문에, 약속과 관계는 불가능합니다.

그러나 하나님은 우리를 창조하셨는데, 창조는 전에 배운 대로 언약을 목표로 하고 있습니다. 곧 하나님은 창조한 우리를 방임하지 않으시고, '우리의 하나님'이 되고 싶어 하십니다. 우리를 '당신의 백성'으로 삼고자 하십니다. 곧 하나님이 '우리의 하나님' 되시고자 자신 스스로를 낮추시는데, 이 낮추심으로 인해서 생기는 관계가 언약입니다.

여기서 우리는 언약의 핵심을 알 수 있습니다. 언약은 하나님의 자발적 낮추심(겸양)을 통해서 생기는 관계이고, 언약의 목표는 '하나님이 우리 하나님 되고 우리는 그분의 백성 되는 것'입니다(렘 31:31 이하; 히 8:10). 창조주와 피조물의 사랑의 띠가 언약입니다.

2. 언약은 그 기원에 있어서 일방적이지만 유지에 있어서 쌍방적이다

언약에서 또 중요하게 생각할 것은 바로 언약의 기원(발생)과 유지입니다. 위에서 살펴본 대로 언약은 하나님의 자발적인 낮추심이 아니고는 불가능합니다. 창조주와 피조물 사이에 너무나 큰 간격이 있기 때문에 하나님의 자발적인 낮추심이 아니고는 어떤 언약도 발생할 수 없습니다.

그런데 이 자발적인 낮추심(겸양)이 언약을 발생하게 하는 첫 번째 그리고 유일한 동인입니다. 한마디로 언약의 우선성입니다. 이는 성경에 나타난 모든 언약이 증명합니다. 아담과 맺은 언약, 아브라함과 맺은 언약, 노아와 맺은 언약, 이스라엘과 맺은 시내산 언약, 예수께서 중보자 되신 새 언약 등은 한결같이 하나님이 '먼저' 찾아오십니다. 곧 인간에게 언약을 발생케 할 어떤 능력도 동인도 없습니다.

언약의 만드시는 분은 오직 하나님입니다!
우리는 단지 언약의 받아들일 뿐입니다!

그러나 언약을 만드신 하나님은 동시에 우리에게 언약의 말씀에 대한 순종을 요구합니다. 하나님이 언약을 창조하셨지만 언약 창조 자체에서 멈추지 않고 언약 유지를 위해 말씀에 순종할 것을 요구합니다. 아담에게 먼저 찾아오셔서 언약을 세우신 하나님이 '선악과를 먹지 말라'(창 2:16-17)는 순종을 요구합니다. 아브라함에게는 '하나님의 말씀을 의지할 것'(창 12:4; 17:1)을, 이스라엘에게는 '십계명과 율법을 지킬 것'(출 24:3)을, 새 언약은 '예수의 말씀을 지킬 것'(마 7:24-27)을 요구합니다.

이 요구들은 한결같이 언약을 유지하기 위한 방편입니다. 곧 언약은 기원에 있어서 일방적이지만 유지에 있어서 쌍방적입니다. 따라서 하나님의 요구(말씀)들이 지켜질 때만 언약이 유지됩니다. 만일 하나님의 말씀이 지켜지지 않는다면 언약은 파기될 수도 있습니다.

창세기 17:12, 17에서 하나님은 아브라함과 언약을 세우셨습니다. 요구사항은 할례입니다(여기서 할례는 하나님의 말씀을 지키는 것을 대표하는 행위입니다. 곧 할례는 말씀 지킴을 의미합니다). 할례를 시행할 때(말씀이 지켜질 때)만 언약이 유지되고 그렇지 않을 때는 언약이 파기됩니다. 그래서 하나님이 창세기 17:14에 "그가 내 언약을 배반하였다"고 말씀합니다. 곧 할례, 말씀을 지키지 않을 때는 언약이 파기될 수 있다고 경고하십니다. 실제로 아브라함은 할례의 명령을 받고 나서 이삭뿐 아니라 이스마엘과 심지어는 그 종들까지도 모두 할례를 베풀었습니다(창 17:23).

그러나 이스마엘은 분명히 언약 안에 있었지만(할례를 받았지만) 할례의 말씀을 순종하지 않았기 때문에 언약 밖으로 쫓겨났습니다(창 21:10; 22:12). 언약이 파기되었습니다. 분명히 이스마엘도 하나님의 언약 안에 있는 사람이었습니다. 할례를 받았기 때문입니다. 만일 이스마엘이 하나님의 말씀을 순종하였더라면 그도 역시 언약의 복을 이삭과 함께 누렸을 것입니다. 하지만 그는 언약의 말씀을 순종하지 않았기 때문에, 아브라함 집에서 쫓겨남으로 언약 밖에 서게 되었습니다. 이것은 신약에서도 동일합니다. 사도행전 2:39 이하의 베드로의 설교에서도 명백히 나타납니다.

언약이 파기될 수 있다는 것은 아주 끔찍한 일입니다. 언약은 선택이 아니라 하나님이 우리에게 베푸신 주권적인 은혜를 의미하고 이것은 우리의 순종을 반드시 요구합니다. 따라서 언약을 생각할 때 반드시 '언약은 그 기원에 있어서 일방적이지만 유지에 있어서 쌍방적이다' 라는 말을 기억하십시오.

3. 행위(생명) 언약과 은혜 언약

신앙고백서에는 언약을 설명하면서 두 가지로 언약을 구분하고 있습니다. 하나는 행위 언약(7.2)이고 다른 하나는 은혜 언약(7.3)입니다. 행위 언약은 아담과 맺은 언약인데, 완전한 순종을 조건으로 생명을 약속하신 것이고, 은혜 언약은 그리스도가 중보자가 되어서 맺은 언약이라고 고백합니다. 이 두 언약이 실상 다른 것처럼 보이지만 하나의 언약, 즉 하나님이 세우신 일방적인 은혜 언약의 다른 형태임을 명심해야 합니다.

아담 언약은 완전한 순종을 조건으로 생명을 약속하셨다고 고백하는데, 이미 창조 시에 아담과 하와가 생명에 들어가 있었기 때문에 그들이 현재 누리고 있는 그 이상의 생명은 없습니다. 하나님이 아담 언약을 통해서 요구하시는 것은 이미 세우신 언약, 이미 누리고 있는 생명을 유지하기 위한 조건으로서의 순종입니다. 이것은 이후에 나타난 모든 은혜 언약도 마찬가지입니다(7.5-6).

언약은 일방적이기 때문에 결코 인간이 세울 수 없습니다. 따라서 언약의 요구사항은 이미 언약 안에 들어온 사람들에게만 유효합니다. 말씀을 지킴으로 언약을 유지할 따름이지, 말씀을 지킴으로 언약을 창조하는 것이 아닙니다. 따라서 아담 언약을 '생명의 언약'이라고 부르는 것이 좋을 것 같습니다. 곧 하나의 언약이 다른 형태로 드러나는 것에 불과하지 다른 두 언약이 있는 것이 아닙니다. 이를 웨스트민스터 신앙고백서 7.6에서도 다음과 같이 고백합니다.

> 그러므로 실체가 다른 두 은혜 언약이 아니라, 배포만 다른 동일한 하나의 언약만이 있다(7.6).

물론 신앙고백서 7.6은 은혜 언약의 두 형태, 구약과 신약을 의미하지만 궁극적으로는 행위 언약도 은혜언약의 한 종류입니다. 은혜 언약이라는 하나의 언약만이 있을 따름입니다.

4. 예배를 통해 누리는 언약의 즐거움!

언약에 대한 설명을 들으니 머리가 복잡해졌죠?
하지만 바른 지식(신학)이 바른 믿음을 만들어 낸다는 것을 기억하십시오!
언약에 대한 지식은 조금 복잡할지 모르지만 언약을 누리는 길은 단순합니다. 바로 예배입니다. 언약은 하나님의 은혜가 우선하지만 우리의 순종을 배제하지 않습니다. 하나님은 언약을 창조하시고 우리는 하나님 언약의 말씀을 순종함으로 하나님과 즐거운 관계를 누립니다. 이것이 언약의 목표입니다. 언약의 즐거움은 동등자의 거래에서 오는 쾌락이 아니라 하나님의 계시와 그 계시의 말씀에 순종함에서 오는 하나님 자체를 누리는 즐거움입니다. 곧 말씀과 순종은 단순한 의무가 아니라 하나님과 사람 사이의 언약적 교제, 그 즐거움을 겨냥하고 있습니다.

이 즐거운 관계는 예배에서 극적으로 드러납니다. 하나님께 예배드릴 수 없는 우리를 하나님이 먼저 예배로 초청해 주십니다. 그러면 우리는 그 하나님의 이름을 부릅니다(시 124:8). 그리고 하나님이 다시 환영인사를 해 주시면 우리는 찬송과 사도신경으로 하나님께 화답합니다. 다시 하나님은 화답하는 우리에게 당신의 말씀과 성찬으로 자신을 계시하시고 우리는 다시 하나님께 찬송과 연보(헌금) 등으로 하나님을 영원히 찬송합니다. 그러면 하나님은 다시 강복선언(축도)으로 우리와 영원히 함께하시는 언약적 복을 선포하십니다.

예배는 언약적 교제가 근간을 이루고 있는데, 신자는 예배를 통해서 언약의 교제를 누립니다. 언약은 예배의 근간이고, 예배는 언약을 멋지게 드러냅니다. 따라서 예배는 언약을 누리는 독보적인 방편입니다. 기도회, 경건회 등의 다른 언약적 누림은 다 예배에서 흘러나옵니다. 그래서 시편 122:1에 다음과 같이 말씀합니다.

> 사람이 내게 말하기를 여호와의 집에 올라가자 할 때에
> 내가 기뻐하였도다(시 122:1).

예배드리자는 말보다 더 큰 기쁨은 없습니다.

언약은 우리 신앙의 전부라고 해도 과언이 아닙니다. 그리고 이 언약은 예배를 통해서 눈에 드러나고 우리는 예배 가운데 언약의 하나님을 누립니다.

매주 예배에 소홀해지고, 예배가 무엇인지도 모르는 기독교인들이 많아지는데, 우리 개혁파 성도들은 웨스트민스터 신앙고백서 7장의 언약을 기억하면서 참된 예배의 즐거움을 누리길 바랍니다.

언약 안에서 우리와 영원히 교제하시는 하나님을 즐거워하십시오.

예배를 통해서 언약을 누리게 하신 하나님, 그분만을 영원히 송영합니다. 아멘!

제7장

중보자 그리스도
(웨신 8장)

"어제나 오늘이나 영원토록 동일한
중보자, 그리스도를 찬양합니다!"

본 장에서 우리가 살펴볼 교리는 웨스트민스터 신앙고백서 8장 "중보자 그리스도"입니다. 예수 그리스도는 두말할 나위 없이 성경과 신앙의 핵심입니다. 그래서 세상은 우리 종교를 "기독교"('그리스도교'를 한문으로 표현한 것임)라고 부르며 또 우리나라 장로교회의 이름도 "대한예수교장로회"라고 하며 '예수'라는 이름이 중간에 자리 잡고 있습니다. 오늘은 이렇게 중요한 예수 그리스도를 배워 봅시다.

1. 중보자, 그리스도

예수 하면 가장 먼저 무엇이 떠오릅니까?
성육신, 십자가, 부활 등 다양한 말씀과 사역들이 떠오르지만 이 모든 것을 다 담을 수 있는 것은 '중보자'입니다. 그래서 웨스트민스터 신앙고백서 8장의 제목이 "중보자 그리스도"입니다.
'중보자'(Mediator)란, 말 그대로 두 당사자 사이의 관계를 세우고, 증진시키는 자인데, 이것은 두 가지, 두 당사자 사이의 깨어진 관계는 중보자를 통해서만 회복될 수 있음을 전제하고 있습니다. 곧 그리스도가 하나님과 사람 사이의 중보자로 오셨다는 것은(딤전 2:5), 하나님과 우리 사이의 관계가 깨어졌다는 것을 의미함과 동시에 깨어진 관계는 그리스도를 통해서만 회복될 수 있음을 의미합니다. 그래서 디모데전서 2:5에 하나님과 사람 사이에 유일한 중보자는 예수 그리스도라고 말씀합니다.

> 하나님은 한 분이시요 또 하나님과 사람 사이에 중보자도 한 분이시니 곧 사람이신 그리스도 예수라(딤전 2:5).

여기서 깨어진 관계란 언약 파기를 의미합니다. 하나님의 창조 목표는 언약입니다. 하나님은 단지 멋진 창조주이기만 한 것이 아니라 언약을 통해 사람과 교제하시길 원했고 이것을 창조 때에 멋지게 드러내셨습니다. 하지만 언약은 아담과 하와의 죄로 인해서 깨졌고, 이것은 곧장 하나님을 진노의 하나님으로 만나게 되는 비참한 결과를 초래했습니다.

하지만 하나님은 이런 비참함을 방관하지 않으시고, 그리스도라는 중보자를 세우심으로 다시 언약을 회복시키셨습니다. 따라서 중보자의 가장 중요한 임무는 죄를 대속하는 것이지만, 대속 자체가 목적이 아니라 언약이 궁극적인 목표입니다. 언약 안에서 하나님을 평강과 자비의 하나님으로 만나게 하는 것이 그리스도께서 오신 가장 큰 목적입니다. 그래서 웨스트민스터 신앙고백서도 7장 "언약" 다음에 8장 "중보자 그리스도"를 고백하였습니다.

2. 중보자의 인격과 사역을 통한 온전한 언약

그렇다면, 그리스도는 중보자직을 어떻게 수행하실까요?
이것에 대하여 웨스트민스터 신앙고백서에서는 두 가지로 고백합니다.
첫째, 웨스트민스터 신앙고백서 8.1에서는 '선지자, 제사장, 왕'이라는 직분으로 수행하심을 고백합니다.
둘째, 웨스트민스터 신앙고백서 8.4에서는 그리스도의 낮아지심과 높아지심의 신분(상태)으로 수행하심을 고백합니다.

'선지자, 제사장, 왕'의 구약부터 있었던 직분인데, 세 직분이 하나님과 사람 사이의 화목을 만드는 중보사역과 관련됩니다. 곧 선지자는 말씀 선포로 죄를 깨닫고 회개하게 하고, 제사장은 제사로 죄를 속죄하고, 왕은 백성을 보호함으로 하나님과의 화목을 만들었습니다.

바로 이 세 직분을 그리스도께서 온전히 성취하십니다. 그리스도께서는 산상수훈 말씀에서 알 수 있듯이 온전한 말씀을 전파하는 참 선지자로서(마 11:27), 십자가의 단번의 온전한 제사를 드린 영원한 대제사장으로서(히 7:21), 말씀과 성령으로 항상 보호하시는 영원한 왕으로서(마 28:18) 세 직분을 수행하십니다.

동시에 이 세 직분을 그리스도의 낮아지심(성육신, 고난, 십자가, 장사)과 높아지심(부활, 승천, 좌정, 재림)의 신분(상태)에서 수행하십니다(8.4). 곧 예수께서는 이 땅에서뿐 아니라 하늘에서도 여전히 선지자, 제사장, 왕으로서 하나님과 우리의 화목을 이루시는 중보자입니다. 이렇게 직분과 신분(상태)을 동시에 말하는 것은 구원이 그리스도의 사역과 인격을 통해서 이루어지기 때문입니다.

만일 그리스도의 구원에서 십자가와 부활 같은 사역만을 말한다면, 화해라는 구속의 목표가 이루어진 다음에 그리스도는 아무짝에 쓸모없는 구원의 들러리가 될 것이고, 그리스도의 마지막 구속 사역인 재림 후에는 우리는 그리스도를 보지 못할 것입니다.

하지만 그리스도의 구원은 화해에만 멈추는 것이 아니라 영원한 언약을 지향합니다. 그렇기 때문에 우리와 교제하시는 그분의 인격이 요청됩니다. 곧 그리스도의 구원은 속죄 그 이상인 언약이기 때문에 그리스도의 인격 자체가 요구됩니다. 우리와 교제하는 그분 자체가 구원의 최종의 목표입니다.

사역은 분명히 구원을 위한 도구이지만 사역 안에서 우리와 교제하시는 그리스도의 인격을 만납니다. 우리는 결코 사역과 인격이 분리되지 않은 단 한 분, 온전하신 그리스도를 만나 그분 안에서 온전한 언약을 누립니다. 이 땅에서 시작된 그리스도의 구원이 언약 안에서 지금부터 영원까지 이어지는 놀라운 은혜를 맛보고, 영원히 맛볼 것을 확신합니다.

이를 쉽게 말하면 우리가 어떤 사람을 만날 때 그 사람의 여러 가지 외적으로 드러난 행동을 통해서 만납니다. 하지만 진정한 교제는 그 사람의 외적인 행동에서 멈추는 것이 아니라 그 사람 자체를 즐거워할 때 이루어집니다. 만일 그 사람의 외적 행동 혹은 선물을 주는 것만으로 만족하면 그 사람은 없고 외적 행동, 선물만이 남습니다. 그 사람과의 진정한 교제는 없어집니다. 진정한 교제는 외적인 행동을 통해서 시작되지만 그 외적인 행동을 통해 인격과 교제하는 데까지 나아가야 합니다.

바로 그리스도를 인격과 사역에서 만난다는 것은 하나님과의 화해(속죄)에만 멈추는 것이 아니라 그리스도 자체, 그분의 인격을 누릴 때 진짜 교제입니다. 이것이 언약입니다.

3. 중보자의 신성과 인성을 통한 온전한 구원

그리스도의 인격과 사역을 이해하기 위해서 인성(참 사람)과 신성(참 하나님)을 반드시 이해해야 합니다. 왜냐하면 구속은 그리스도의 인성과 신성을 요구하기 때문입니다. 그래서 웨스트민스터 신앙고백서 8.2, 7, 두 절에 걸쳐 그리스도의 양성(신성과 인성)을 중요하게 고백합니다.

그리스도는 원래 하나님인데, 하나님이라는 신성을 유지하면서 이 땅에 오실 때 인성을 취하셨습니다. 곧 그리스도라는 한 인격 안에 두 본성, 신성과 인성이 존재합니다.

신성은 하나님의 진노를 감당하기 위해 필요합니다. 곧 성부 하나님의 진노는 너무 무겁고 엄청나기 때문에 그 어떤 사람도 감당할 수 없습니다. 심지어는 무죄한 사람도 감당할 수 없습니다. 하나님의 진노는 하나님만이 감당할 수 있습니다(웨스트민스터 대교리문답 38문답, 하이델베르크 요리문답 17문답). 곧 성자의 신성이 여전히 필요합니다.

또 인성이 필요한 이유는 성부가 죄를 다른 피조물에게 묻기 원치 않으시고 사람에게 묻길 원하시기 때문입니다. 더 나아가 구속자는 죄 없는 온전한 사람이어야 합니다.

이렇게 두 본성을 만족해야지 온전한 중보자가 될 수 있습니다.

하지만 역사를 보면 그리스도의 두 본성을 제대로 이해하지 못하거나 인간의 이성을 따라서 신성과 인성을 훼손하는 다양한 오류들이 있었습니다. 예컨대, 신성과 인성이 혼합되거나 변화되어 제3의 성으로 변한다고 한다든지, 혹은 인성이 신성으로 전환되어서 인성의 속성을 잃어버리거나 신성 없이 인성만을 갖고 있다고 주장하는 등의 오류가 있었습니다. 곧 삼위일체와 같이 인간의 이성에 맞게 설명하려고 하였습니다.

하지만 우리는 오직 성경에 기초해서 그리스도의 인성과 신성을 고백해야 합니다. 곧 신앙의 선배들이 칼케톤신경에서 고백하고, 그 신경을 그대로 계승한 웨스트민스터 신앙고백서 8.2가 고백하듯이 두 본성이 "전환이나 합성이나 혼합이 일어나지 않고, 한 위격(인격) 안에서 각 본성을 그대로 유지하면서 불가분리하게 결합되어 있다"라고 고백해야 합니다.

만일 어느 한 본성이라도 잃어버린다면, 구속자 그리스도는 흠이 있는 구속자로 우리의 구원을 이룰 수 없습니다. 그리스도는 한 인격 안에 신성과 인성이라는 두 본성을 가지신 온전한 중보자이십니다. 그리스도는 참 하나님 그리고 참 사람이십니다.

4. 어제나 오늘이나 영원토록 동일한 중보자

그리스도는 우리의 구원을 위해 온전한 중보자가 되셨습니다. 그리스도는 온전한 신성과 인성을 가지신 분으로서, 자신의 인격과 사역으로 자신의 백성을 영원토록 구원하십니다. 여기서 '영원토록'이라는 말에 집중합시다. '영원토록'이라는 말은 구속역사적으로 아담과 하와가 범죄를 저지른 직후부터 영원까지입니다. 그리스도는 이미 원죄 때부터 구속자로 우뚝 서 계십니다.

웨스트민스터 신앙고백서 8.6에 고백하듯이 그리스도께서 성육하신 후에야 구속 사역이 실제적으로 이루어졌지만 구속의 힘과 효력과 은덕은 선택된 자들에게 태초부터 모든 시대에 걸쳐 전달되었다고 고백합니다. 곧 타락한 아담과 여자도, 아브라함도, 노아도 그리스도 전에 태어난 모든 사람도 역시 우리와 마찬가지로 그리스도 말미암아 구속받았습니다. 왜냐하면 제사와 같은 다양한 예표와 창세기 3:15의 '여자의 후손'과 같은 예언의 말씀 등을 통해서 그리스도가 계시됐고 드러났기 때문입니다.

하지만 이 다양한 예표나 말씀의 효력은 그 자체에서 나오는 것이 아니라 바로 어제나 오늘이나 영원토록 동일한 중보자 자신, 즉 예수 그리스도에게서 나옵니다. 곧 참 하나님과 참 사람이시며, 인격과 사역에서 한 분이신 예수 그리스도에게서만 나옵니다. 그리스도는 자신의 능력으로 모든 먼 데 있는 사람을 얼마든지 부를 수 있습니다.

> 이 약속은 너희와 너희 자녀와 모든 먼 데 사람 곧 주 우리 하나님이 얼마든지 부르시는 자들에게 하신 것이라(행 2:39).

십자가와 부활이라는 실제적인 구속 사역 직후의 사람들에게뿐 아니라 이전의 모든 사람, 그리고 오고 오는 모든 사람, 또 다른 환경과 문화에 있는 모든 사람을 얼마든지 부를 수 있습니다. 오직 그리스도만이 성부께로 나아갈 유일한 길이요 진리요 생명이기 때문입니다.

이 얼마나 감동적인가요!

사람의 굳은 의지도 시시때때로 변하고, 단단한 바위도 시간을 비껴가지 못하지만 빛보다 더 밝아서 살짝 빗겨 설 수밖에 없는 그 놀라운 그리스도가 우리를 위해 영원히 동일하다니요!

우리를 위해 어제나 오늘이나 영원토록 동일하신 중보자 예수 그리스도, 그분만을 영원히 찬양합니다. 아멘!

제8장

효력 있는 소명
(웨신 10장)

"우리를 영원부터 부르신(소명)
삼위일체 하나님을 찬양합니다!"

    삼위일체 하나님은 우리를 구원하시기로 작정하시고, 그 작정을 시간 가운데 창조와 섭리로 분배하십니다. 그리고 창조와 섭리는 그리스도를 중심으로 전진합니다. 창조에서 시작된 언약이 타락으로 파기되고, 파기된 언약을 다시 섭리 가운데 그리스도께서 회복시킵니다. 곧 그리스도는 파기된 언약을 회복시키기 위해서 이 땅에 오셨습니다. 그리고 그 그리스도는 당신의 성령과 교회를 통해 우리를 부르십니다.
    이 부르심을 효과적인 부르심이라고 부르며, 효과적인 부르심으로 우리는 드디어 구원의 첫발을 내딛습니다. 이 구원의 첫 걸음인 효과적인 부르심을 본 장에서 살펴보겠습니다.

1. 예정에 기초를 두고 부르시는(소명) 성부 하나님

    "효력 있는 부르심(소명)"이란 하나님이 자신의 백성을 구원으로 초청하시는 '부름'인데, 이것은 그리스도께서 말씀과 더불어 역사하는 성령을 통해 사람의 마음과 의지를 새롭게 하여 기꺼이 자원하여 주님께 나아가게 하는 은혜입니다(10.1).

구속의 첫걸음인 효력 있는 부르심은 '하나님의 예정'에 기초를 두고 있습니다. 로마서 8:30의 말씀과 웨스트민스터 신앙고백서 10.1의 고백처럼 하나님은 모든 사람을 부르신 것이 아니라 "미리 정하신 그들," 즉 예정하신 사람만을 부르십니다.

> 또 미리 정하신 그들을 또한 부르시고(롬 8:30).

> 하나님은 생명으로 예정하신 모든 이들, 그리고 이들만을 … 효력 있게 부르기를 기뻐하신다(10.1).

곧 하나님의 부르심은 예정된 사람들에게만 해당하며, 부르신 사람은 한 사람도 예외 없이 구원으로 이끄십니다. 여기서 예정이 부르심의 기초이며, 예정과 부르심은 밀접한 관계임을 알 수 있습니다.

부르심의 기초가 예정이라는 사실에 대해 혹자들은 하나님이 자유의지를 박탈하시고, 구원의 기회를 공정하게 제공하지 않는다고 불평하기도 합니다. 그런데 이런 질문으로 이미 펠라기우스주의, 반(半, semi)펠라기우스주의, 알미니안주의와 같은 이단들이 정통 교회를 향해 거세게 도전해 왔고, 지금도 다양한 형태로 정통 교회를 흔들고 있습니다. 하지만 이런 질문의 이면에는 항상 하나님의 구원을 인간의 이성으로 이해하려는 교만한 태도가 녹아 있습니다.

하지만 하나님의 말씀, 곧 웨스트민스터 신앙고백서 1장 "성경"에서 배운 것처럼 우리는 마땅히 하나님의 말씀 앞에 복종해야 합니다. 예정과 부르심을 '공정'이라는 이성에 의존하지 말고, 하나님을 찾을 수 있는 선한 의지가 타락한 사람에게도 남아 있다는 인간의 가능성에도 의존하지 말고

'전적 타락과 심판'이라는 성경의 가르침을 의존해야 합니다.

곧 사람들은 전적으로 죄인이고 심판받아 마땅한 죄인이기에 하나님이 예정하지 않고 또 부르시지 않는 것이 마땅합니다. 오히려 심판으로 우리를 대우하는 것이 하나님의 공의의 성품과 어울립니다(제3장 "하나님의 영원한 작정" 참조). 하지만 하나님은 모든 사람들을 심판으로 대우하지 않고 일부를 예정하시어 은혜 베푸시길 기뻐하셨습니다. 은혜 베푸시는 것은 하나님의 낯선 행위입니다. 예정과 부르심의 은혜는 낯선 하나님의 행위이며 우리는 이에 불평이 아닌 감사를 해야 합니다.

또한 효력 있는 부르심이 예정에 기초를 두고 있다는 것은 구원의 기초가 하나님의 절대 주권에 있다는 것을 의미합니다. 이것은 구원이 인간의 응답이나 노력이 아님을 의미합니다. 따라서 '효력 있는 부르심'에서 '효력 있는'은 사람이 어떤 일을 할 때의 효율 정도가 아니라 하나님이 부르시는 사람은 반드시 구원으로 이끄는 '완전함'과 '예외 없음'입니다.

하나님의 부르심은 신실하시고 전능하신 하나님에게만 의존하기 때문에 어느 누구도 거부할 수 없는 온전한 구원을 함의하고 있습니다. 곧 성부께서 예수께 주신 자, 효력 있는 부르심을 받은 자는 결코 어느 누구도 빼앗을 수 없습니다.

> 내가 그들에게 영생을 주노니 영원히 멸망하지 아니할 것이요
> 또 그들을 내 손에서 빼앗을 자가 없느니라(요 10:28).

그러면 예외 없는 부르심, 완벽한 부르심에서 우리의 역할은 무엇일까요? 효과 있는 부르심에서 인간은 철저히 수동적인 위치에 있습니까?

결코 그렇지 않습니다. 빌립보서 2:13에 말씀하듯이 하나님은 어떤 일을 집행하실 때 우리 안에 소원을 두고 행하십니다. 그래서 우리는 능동적이고 기쁜 맘으로 하나님께 순종합니다.

> 너희 안에서 행하시는 이는 하나님이시니 자기의 기쁘신 뜻을 위하여 너희에게 소원을 두고 행하게 하시나니 (빌 2:13).

하나님의 부르심은 하나님의 절대 주권이지만 동시에 우리의 기쁜 '아멘'을 동반합니다. 그래서 신앙고백서 10.1에서 다음과 같이 바르게 고백합니다.

> 기꺼이 자원하게 되어 아주 자유롭게 예수 그리스도께로 나아간다 (10.1).

곧 자신은 믿기 싫은데 부르셨기 때문에 어쩔 수 없이 믿거나, 자신은 믿고 싶은데 부르시지 않으셨기 때문에 어쩔 수 없이 믿지 못하는 경우는 없습니다. 인간의 생각으로는 그런 상상을 만들어 낼 수 있지만 성경에는 그런 경우가 단 하나도 없습니다.

예정하고 부르신 사람은 반드시 기쁨으로 화답하고, 부르시지 않은 사람은 반드시 불신으로 하나님의 은혜를 거부합니다. 하나님의 부르심과 우리의 의지는 신비하게 결합되어 있습니다. 야곱은 예정과 부르심에 '아멘'으로, 에서는 그 반대로 나타납니다(롬 9:13; 히 12:16). 부르심은 하나님의 절대 주권과 은혜이자 동시에 우리에겐 기쁨의 '아멘'입니다.

2. 성령을 보내시어 효력 있게 부르시는 예수 그리스도

그렇다면, 예정을 부르심의 기초로 두신 성부 하나님은 '효력 있는 부르심'을 어떻게 실현하실까요?

정답은 삼위일체 하나님의 공역(cooperation)을 통해서입니다. 곧 성부 하나님의 예정에 기초를 둔 부르심은 성자께서 자신의 구속 사역을 근거로 사람들을 부르시고, 성자의 부르심은 말씀과 더불어 역사하시는 성령을 통해서 실현됩니다. 성부의 부르심은 성자를 통해서 집행되고 동시에 성자의 집행은 말씀과 더불어 역사하시는 성령을 통해 실현됩니다. 곧 '효력 있는 부르심'은 삼위일체 하나님의 온전한 공역입니다.

그러면 성자와 성령 하나님은 어떤 방식으로 공역하실까요?

성부는 예정으로 부르심의 기초를 두시고, 그리스도는 자신의 구속 사역(십자가와 부활)으로 부르심의 재료를 만듭니다. 성령께서 말씀으로 사람들을 부르시는데, 그 말씀의 재료는 항상 그리스도의 십자가와 부활입니다. 사도행전 4:8에서 베드로가 "성령이 충만하여," 곧 성령께서 베드로에게 역사하여 사람들을 부르시는데, 베드로의 설교를 방편 삼아 사람들을 부르십니다. 그런데 그 부르심의 재료는 '십자가에 못 박히시고, 하나님이 살리신 나사렛 예수 그리스도'(행 4:10)입니다. 곧 성령의 부르심의 유일한 재료는 오직 예수 그리스도입니다. 그리스도만이 부르심의 유일한 원천입니다(행 4:8-12).

효력 있는 부르심의 중심에 예수 그리스도께서 우뚝 서 계십니다. 부르심은 성부 하나님의 예정에서 출발하여 성자 예수의 사역을 향해 곧장 달려가고, 마침내 성령 하나님의 말씀에 담겨 죄인들을 효력 있게 부르십니다.

회개할 때를 생각해 보십시오.

실상 회개 때에 성부의 예정은 감추어져 있고 성령도 역시 그리스도 뒤에 숨어 계십니다. 오직 그리스도의 구속 사역이 우리 마음을 휘감고 오직 십자가와 부활의 그리스도만을 보일 뿐입니다. 따라서 그리스도가 배제된 부르심은 없습니다.

어떤 사람들은 천국과 지옥에 갔다 왔다고 하면서 어떤 표징과 기적으로 사람들을 부르려고 합니다. 그러나 이것은 모두 인간을 현혹시키는 눈속임에 불과합니다. 이 땅과 천국, 이 땅과 지옥은 인간이 메꿀 수 없는 큰 간격이 있어서 아무도 왕래할 수 없습니다(눅 16:26). 오직 하나님의 부르심은 그리스도를 통해서이며 그리스도만이 죄인을 회개케 하는 유일한 동인(動因)입니다.

성령은 은밀히 숨어 계시지만 실상 우리를 직접 부르시는 하나님입니다(요 15:26). 예수께서는 자신이 제자들을 떠나는 것이 유익하다고 말씀합니다. 왜냐하면 성령이 오셔야만 죄, 의, 심판에 대하여 세상을 책망할 수 있기 때문입니다(요 16:7-8). 곧 예수께서 회개를 불러일으키는 부르심을 성령께 위임하셨습니다. 이는 예수께서 하실 수 없는 것이 아니라 성령께서 동등한 '제3위' 하나님으로서 공역(共役)하시고, 동시에 '그리스도의 영'(롬 8:9)으로서, '일체'로서 사역하시기 때문입니다. 성령은 삼위일체 하나님이 한 분으로서 '부르심(소명)'에서 결코 제외될 수 없습니다. 이렇게 부르심은 삼위일체 하나님의 공역입니다.

3. 교회를 통해 여전히 소명하시는 성령 하나님

이렇게 선명한 삼위일체 하나님의 부르심의 사역은 지금도 멈추지 않습니다. 특히 성령께서 교회라는 방편을 통하여 사람들을 부르십니다. 성령은 교회를 마당 삼으셔서 교회를 통해 우리를 부르십니다. 교회는 성령께서 죄인을 부르시는 일터이자 부르심의 대상입니다.

교회를 통한, 교회를 위한 부르심은 역사의 시초부터 지속적으로 나타납니다. 타락한 직후 하나님은 교회 안에 있는 아담과 하와를 말씀으로 부르시고(창 3:15), 교회를 시작하기 위해 아브라함을 갈대아 우르에서 부르시고(창 12:1-2), 이스라엘이라는 교회를 위해 모세를 출애굽의 직분자로 부르시고(출 3:10), 사무엘을 이스라엘 교회의 구원자로 부르시고(삼상 3:10), 다윗을 왕으로, 교회의 직분자로 부르시고(삼상 16:13), 마침내 그리스도를 자신의 교회에 보내어 우리를 온전히 부르십니다(히 1:1-2).

하나님이 교회를 일터 삼고 위하시기에 항상 '설교'가 있습니다. 하나님은 자신의 백성을 부르실 때 설교 강단을 통해서 부르십니다. 결코 다른 방편을 통해서 부르시지 않습니다. 왜냐하면 설교를 통한 부름은 유아나 장애인까지 모든 먼 데 있는 사람을 얼마든지 부를 수 있는 강력한 하나님의 능력이기 때문입니다(10.3).

> 이 약속은 너희와 너희 자녀와 모든 먼 데 사람 곧 주 우리 하나님이 얼마든지 부르시는 자들에게 하신 것이라(행 2:39).

전도나 찬양 혹은 기도는 설교 말씀이 확장된 형태이고 이 모든 것은 설교에 의존해야 합니다. 설교가 부르심의 핵심입니다.

이렇게 우리는 교회의 성도로서 효력 있는 부르심의 한복판에 있습니다. 하나님은 교회의 강단을 통해 우리를 매주 부르시고 항상 부르십니다.

그리고 우리는 그 부르심에 '아멘'으로 기쁘게 화답합니다!

하나님은 우리를 평생 부르실 것입니다. 그리고 우리는 그 부르심에 항상 기쁨으로 나아갈 것입니다.

이 즐거운 언약의 부름과 화답!

이 즐거운 교제가 지금부터 영원까지 이어지길 소망하며 우리를 강단으로 여전히 부르시는 삼위일체 하나님을 영원히 찬양합니다. 아멘!

제9장

칭의
(웨신 11장)

*"칭의를 통해 자신의 의로움을 드러내신
하나님을 영원히 찬송합니다!"*

봄, 여름, 가을, 겨울의 사계절 가운데 겨울은 차가운 심판을 떠오르게 합니다.

우리 인생도 언젠가는 겨울이라는 차가운 심판을 맞게 될 터인데, 그 차가운 심판 앞에 어떻게 설 수 있을까요?

이 차가운 고민 앞에 우리를 따뜻하게 하는 것은 칭의입니다. 아무리 혹독한 겨울이 오더라도 칭의는 언제나 따뜻한 하나님의 온기입니다.

칭의는 거룩한 하나님 앞에 우리의 확신이며, 종교개혁 교회의 뿌리이기도 합니다. 본 장은 이렇게 중요한 '칭의' 그리고 칭의의 유일한 도구인 '믿음'을 함께 배워 보도록 하겠습니다.

1. 속상(贖償)을 통한 칭의

여러분, 칭의(justification)란 '의롭다고 칭한다'입니다. 마치 판사가 죄인들에게 무죄를 선고하듯 하나님이 죄인들에게 의롭다고 선언하시는 은혜의 선물입니다. 이 놀라운 칭의 덕분에 루터는 양심을 짓누르던 죄에서 해방되어 열린 천국 문으로 들어가게 되었으며 나아가 교회는 이 진리를 붙잡고 타락한 로마 가톨릭교회에서 참된 교회로 복귀하였습니다. 그리고 지금도 칭의 우물은 마르지 않고, 오고 오는 교회에게 구속의 은혜를 주고 있습니다.

그럼 칭의에 대해 조금 더 깊이 생각해 봅시다.

우선 하나님이 죄인들을 의롭다고 하시는 칭의가 과연 어떻게 가능할까요? 죄에 대해서 매일 진노하시며, 그 죄를 반드시 물으시는 하나님인데, 어떻게 우리를 의롭다고 하실 수 있을까요?

곧 죄를 해결하지 않고 의롭다고 하는 것은 공의로우신 하나님의 성품 자체에 모순입니다.

그런데 이런 모순 같은 일이 일어날 수 있는 것은 웨스트민스터 신앙고백서 11.1에서 나오듯이 "그리스도 덕분"입니다. "그리스도의 속상(贖償, Expiation)" 때문입니다. 속상이란 우리가 흔히 아는 만족이나 속죄라는 용어와 유사한데, 여기서 속상이라는 단어를 쓰는 것이 조금 더 정확합니다.

속상이란, 말 그대로 '속량하여 갚는다'는 것인데, 예수께서 자신의 순종과 십자가를 통해서 하나님의 공의를 완전히 속량하여 갚으셨습니다. 즉 만족시키셨습니다. 루터의 말대로 그리스도가 죄인의 자리로, 우리는 의인의 자리로 가는 '복된 자리 바꿈'을 하여 죄인들의 모든 죄를 속상하셨습니다. 이를 '전가'라고도 합니다. 곧 하나님은 그리스도의 속상을 받으시고 죄인을 의롭다 하십니다(롬 3:24; 4:5-8; 고후 5:21).

그러나 이런 명확한 성경적 근거가 있음에도 웨스트민스터 신앙고백서 11.1에 나오듯이 특히 로마 가톨릭교회에서는 '칭의'를 '의를 주입'이라고 정의합니다. 곧 의로움이 주입된 사람들의 선한 행동이 칭의의 결과이고 이를 통해 칭의를 확인할 수 있다는 것입니다. 로마 가톨릭교회는 '의의 주입'이라는 은혜를 말하지만 궁극적으로는 선한 행동에 방점이 있습니다.

이는 칭의의 근거를 그리스도의 속상에서 보지 않고 인간의 공로에서 근거를 찾기 위함입니다. 곧 인간의 공로를 근거로 구원을 쟁취할 수 있다는 펠라기우스 혹은 반(半)펠라기우스적인 사상이 그 배경에 깔려있습니다.

또한 로마 가톨릭교회는 '의'를 하나님과 사람 사이의 언약 관계에서 오는 인격적 개념으로 보지 않고, 하나님이 인간에게 주는 어떤 물건처럼 취급함으로써 칭의를 물화(物化)시키는 큰 오류를 범하게 됩니다. 곧 창조에서 구속까지 모든 것이 언약이라는 하나님과 사람의 인격적 관계에서 이루어짐에도 그들은 칭의를 물화시켜 하나님과 사람의 언약을 근본적으로 파기하는 치명적인 오류를 범합니다.

이런 물화된 칭의 때문에 루터는 변화된 삶(주입된 의)을 자기 안에서 찾지 못해 그토록 괴로워했습니다. 칭의는 오직 그리스도의 속상으로 말미암는 하나님의 선물, 은혜입니다.

2. 믿음으로 말미암는 칭의

칭의에서 하나님의 은혜와 더불어 깊이 생각해야 할 것이 믿음입니다. 왜냐하면 칭의는 하나님의 은혜의 선언이지만 동시에 믿음을 유일한 방편 삼기 때문입니다(11.2). 그런데 이 믿음은 결코 칭의를 위한 공로가 아님을 주의해야 합니다. 웨스트민스터 신앙고백서 11.1에서 고백하듯이 하나님은 믿음 자체나 믿는 행위 혹은 어떤 복음적인 순종을 그들에게 의로 여기지 않습니다.

그러면 믿음은 무엇입니까?

바울은 로마서에서 아브라함을 통해 믿음의 본질을 말씀합니다. 곧 아브라함의 믿음만이 오직 칭의의 유일한 도구입니다.

> 아브라함이 하나님을 믿으매
> 그것이 그에게 의로 여겨진 바 되었느니라(롬 4:3).

그러면서 로마서 4:4에 이하에서 이 믿음은 일하는 자에게 주는 '삯'(보수), 곧 공로가 아님을 강하게 말씀합니다(롬 4:4-8). 계속해서 바울은 믿음을 정의하기 위해 '여긴다'(reckon, consider)라는 동사를 한 장 안에 무려 9번이나 반복합니다(롬 4:3, 4, 5, 9, 10, 11, 22, 23, 24). 그리고 '여긴다'라는 동사는 '믿음'을 방편 삼아 '의'라는 결과를 만드는 '믿음을 의로 여긴다'라는 의미를 명시적(3, 5, 9, 11절)으로 드러내거나 간접적으로 말씀하고(4, 10, 22, 23, 24절) 있습니다. 심지어 9절은 믿음이 의와 동일한 것으로 말씀하기도 합니다. 곧 믿음은 의와 아주 밀접한 연관이 있음을 말씀합니다.

이것은 무엇을 의미할까요?

바로 '여긴다'의 주어인 '하나님'은 죄인을 의인으로 여겨주시는 것뿐 아니라 믿음까지도 선물로 주시는 분입니다. 곧 칭의는 하나님의 주권적인 사역임을 말씀합니다. 의의 방편인 믿음은 오직 하나님에게서 기원하는 하나님의 선물입니다. 믿음은 하나님의 작정과 효과적인 부르심(소명)에서 나오는 자연스러운 은혜의 반응일 뿐이지 그 안에 결코 어떤 공로도 찾을 수 없습니다. 로마서 4장의 '여긴다'라는 동사를 통해서 믿음은 의를 만들어 내는 삯(대가)이나 공로가 아님을 강력하게 말씀합니다.

그렇습니다!

믿음은 결코 사람의 노력이나 공로가 아닙니다. 따라서 믿음이라는 공로를 가지고 하나님의 의(구원)를 쟁취할 수 없습니다. 오직 영원 전에 작정하시고 때가 차매 우리를 부르신 성령의 은혜에 오직 믿음으로 반응하며 나아갈 따름입니다. 이것은 성경적인 고백이고 웨스트민스터 신앙고백서 11장의 고백이며, 하나님의 은혜가 종교개혁의 심장임을 말씀합니다. 만일 종교개혁이 사람의 힘에 의지했다면 결코 성공하지 못했을 것입니다.

의롭지 못한 우리를 오직 믿음으로 의로운 사람으로 여겨주시고, 그 믿음도 하나님이 우리에게 선물로 주시니 얼마나 놀라운 일입니까!

우리는 오직 하나님의 부르심에 빈손으로 나아가기만 하면 됩니다.

이 얼마나 놀라운 은혜입니까!

구원은 공짜입니다.

하지만 그리스도의 속상이 지불된 가장 비싼 공짜입니다!

3. 영원한 효력을 발휘하는 칭의

칭의는 종교개혁의 원동력이 되었는데, 대적(大敵)인 로마 가톨릭교회는 '칭의를 강조하는 너희들은 곧 방탕과 하나님의 말씀을 지키는 않는 삶(무율법주의)을 살게 될 것'이라고 아주 신랄하게 비판했습니다. 실제로 이들의 비판대로 개신교 안에 극도의 방탕주의자들이 나타나기도 했습니다. 하지만 이는 모두 칭의를 바르게 이해못한 결과들입니다.

칭의는 하나님의 법정적 선언이지만 동시에 선언 자체로 끝나는 것이 아니라 우리를 언약 안으로 초대해 주시는 선언입니다. 곧 칭의는 단순히 속상에서 멈추는 것이 아니라 언약의 개시를 알리는 선언입니다. 칭의는 성도의 삶 전체가 하나님을 향해서 조준되는 열린 문이지, 닫힌 문이 아닙니다.

칭의에는 반드시 성화가 동시에 따라오며, 성화는 칭의를 밑천 삼아 계명을 지키는 언약의 삶으로 인도합니다. 바로 칭의는 결코 성도를 방종과 나태의 길로 몰아가지 않고 오히려 그리스도의 은혜에 더욱 몰두하게 하여 성도의 삶을 거룩하게 합니다. 곧 언약은 칭의로 말미암습니다.

바로 이런 놀라운 칭의의 성경적 고백 때문에 칭의라는 은혜를 받은 성도들은 결코 칭의를 방종의 기회로 삼지 않고 사랑으로 역사하는 거룩한 삶의 동력으로 여깁니다(갈 5:6).

웨스트민스터 신앙고백서 11.5에서 고백하듯이 칭의 받은 성도는 스스로 겸비해지며 자신들의 죄에 대해 더욱 애통하는 마음으로 하나님께 나올 수밖에 없습니다. 은혜는 더욱 은혜로 이끕니다.

4. 하나님의 의로우심을 드러내시는 칭의

이렇듯 칭의는 단순한 선언에서 멈추는 것이 아니라 우리를 언약 안으로 이끄는 열린 문입니다. 동시에 언약 안에서 힘 있게 언약을 유지하게 하는 항구적인 원동력입니다.

그런데 이 관계의 회복, 칭의를 하나님은 왜 우리에게 선언하셨을까요? 죄인을 바로 심판해도 하나님이 영광 받으실 텐데 말입니다. 그것은 바로, 하나님은 칭의를 통해서 자신의 의로우심을 드러내시고 궁극적으로 자신의 영광을 온 우주에 선포하십니다.

칭의에서 말하는 의란 율법을 지킴에서 오는 의로움입니다. 노아를 창세기 6:9에서 '당대의 의인'이라고 한 것은 노아가 죄가 없다는 것이 아니라 그가 방주를 지으라는 명령을 지키는 사람이기 때문입니다. 이렇듯 하나님이 우리를 의롭다 하시는 것은 바로 자신이 약속한 복음, 곧 창세기 3:15 그리고 궁극적으로 작정 안에 있던 약속을 하나님 자신이 지킴을 통해 스스로가 가장 의로운 분임을 알리기 위해서입니다. 그래서 로마서 3:26에 보면 우리의 칭의의 근거를 하나님의 의로움으로 말씀합니다.

> 곧 이 때에 자기의 의로우심을 나타내사 자기도 의로우시며
> 또한 예수를 믿는 자를 의롭다 하려 하심이라 (롬 3:26).

그렇습니다. 칭의의 가장 큰 목적은 하나님 스스로의 의로우심입니다.

언약을 창조하시고, 그 언약을 타락에도 불구하고 회복시키시고 마침내는 그리스도 안에서 우리를 영원히 의롭다 하신 것은 하나님 자신이 스스로 의로운 분, 참으로 말씀을 신실히 지키시는 분임을 온 우주에 선포하기 위해서입니다.

천인공노할 죄악을 가진 인간을 자신의 의로움 때문에 여전히 칭의해 주시는 하나님!

결코 믿음을 공로로 취하시지 않으시고 그리스도의 속상을 재료 삼아 우리를 칭의해 주시는 하나님!

그 하나님이 칭의의 하나님, 우리 하나님입니다!

칭의는 선물 자체에서만 멈추는 것이 아니라 바로 하나님의 의로우심을 드러내는 하나님의 자기 계시의 발현이며 동시에 찬송의 재료입니다.

우리를 의롭게 하심으로써 자신의 영광을 드러내신 하나님!

칭의의 하나님을 영원히 송영합니다!

제10장

성화
(웨신 13장)

"우리를 거룩하게 하신
삼위일체 하나님을 송영합니다!"

매년 오가는 봄, 여름, 가을, 겨울을 보면서 우리는 자연의 아름다움을 느끼지만 무엇보다 신실하신 하나님을 생각합니다. 그리스도와 맺은 언약 안에서 우리를 보존하시고 지키시는 하나님을 볼 때 얼마나 감사한 일인지 모르겠습니다. 일상의 모든 것이 삼위일체 하나님의 찬송의 재료입니다.

그러나 하나님을 찬송하는 가장 큰 재료는 하나님의 말씀인 성경입니다. 성경은 하나님을 찬송하는 수많은 보물들로 가득 찬 눈부신 보물섬입니다. 본 장은 그 보물 가운데 신자를 거룩케 하는 성화를 살펴보겠습니다.

칭의를 통해서 단번에 새사람이 된 우리는, 새사람에 걸 맞는 거룩한 삶을 살아야 합니다. 본 장에서 성화를 배움으로써 우리의 삶이 더욱 하나님의 형상으로 닮아가길 바랍니다.

1. 거룩한 언약의 하나님

성화란 효력 있는 부르심(소명)을 받아 거듭난 자들이 점점 거룩하게 되는 하나님의 구원의 선물입니다(13.1). 쉽게 말하면 구원 받은 신자는 죄악 된 삶을 버리고 하나님의 형상으로 점점 거룩해집니다.

성화의 핵심은 거룩인데, 그렇다면 거룩은 무엇일까요?

흔히 생각하기를 나쁜 말과 행동을 하지 않고, 욕심을 절제하며 말과 행동이 단정하고 반듯한 것이라고 생각합니다. 물론 일리가 있습니다. 하지만 성경은 거룩을 사람이 아니라 하나님에게서 찾습니다. 하나님은 거룩한 자입니다. 거룩은 하나님 자신입니다.

> 이스라엘의 구속자, 이스라엘의 거룩한 이이신 여호와께서 …(사 49:7).

하나님의 많은 속성이 있음에도 거룩을 하나님의 속성 전부인냥 말씀하는데, 왜 그럴까요?

이사야 49:7에서 하나님은 자신을 '거룩한 이'라고 말씀하신 다음에 '거룩하신 이'가 하는 일을 말씀합니다. 바로 당신의 백성을 택한 것입니다.

> … 이스라엘의 거룩하신 이 신실하신 여호와 그가 너를 택하였음이라 (사 49:7).

여기서 택했다는 것은 자신의 백성을 향한 하나님의 신실한 구원을 의미합니다. 곧 하나님의 거룩은 하나님의 백성을 향합니다. 거룩은 자신의 백성과 상관없는 하나님의 자기 현현 혹은 과시가 아니라 우리와 교제하시는 언약 안에서의 명백히 드러나고 선포됩니다. 곧 거룩은 언약을 이끌어 내고 언약 안에서 발현되는, 철저히 우리를 위한 하나님의 속성입니다.

이것은 어원적으로도 잘 나타나는데, 히브리어 '거룩'은 어원적으로 '분리됨'을 의미합니다. 이것은 분리되어서 하나에 집중함을 의미합니다. 곧 하나님은 세상의 많은 사람들로부터 자신을 분리하여 오직 언약 백성만을 향하고 관계하시는데, 이것이 하나님의 거룩입니다.

따라서 성화에서 말하는 거룩은 우리와 언약 안에서 교제하시는 하나님을 출발점으로 삼아야 합니다. 그리고 이런 하나님의 거룩으로 말미암아 우리 역시도 언약 안에서 비로소 거룩을 말할 수 있게 되었습니다.

2. 거룩한 언약 백성

그렇다면, 언약 안에서 거룩은 무엇입니까?
레위기 11:45에 보면 하나님은 우리에게 언약 안에서 거룩을 요구하십니다.

> 나는 너희 하나님이 되려고 너희를 애굽 땅에서 인도하여 낸 여호와니 내가 거룩하니 너희도 거룩할지어다(레 11:45).

하나님은 레위기 11:25에서 자신을 출애굽(구원)의 하나님이라고 계시한 다음에 출애굽은 자신의 거룩을 드러낸 것이라고 말씀합니다. 즉 하나님 백성을 향한 언약 안에서의 거룩을 말씀합니다. 그리고 곧장 하나님의 백성에게 거룩을 요구합니다.

여기서 하나님의 백성에게 요구하는 거룩은 레위기 11장의 전후문맥을 보면 말씀을 지키는 것입니다. 말씀을 지킴은 출애굽의 대가가 아니라 전적으로 하나님만을 의존하는 언약적 삶입니다.

곧 하나님이 하나님의 백성을 향해 거룩(분리)하신 분이므로 하나님의 백성도 하나님만을 향해 거룩(분리)해야 합니다. 그리고 서로를 향한 거룩은 언제나 말씀 지킴을 통해 시위됩니다. 따라서 우리의 거룩한 삶, 성화의 삶은 윤리적인 면에서 절제나 단정한 생활보다 더 근본적으로 하나님의 언약과 언약의 핵심인 말씀 순종하는 삶입니다.

이것이 성경에서 말하는 거룩입니다. 그래서 예수께서 가장 거룩한 분으로 이 땅에 오셨습니다.

> 우리가 주는 하나님의 거룩하신 자이신 줄 믿고 알았사옵나이다
> (요 6:69).

이는 예수께서 하나님의 말씀을 온전히 지키는 사람으로서, 언약 안에 있는 거룩이 무엇인지 당신의 백성에게 시위하고, 자신의 거룩(말씀 지킴) 안으로 자신의 백성을 이끄시어, 거룩하게 하시기 위함입니다. 곧 말씀을 지킴으로 우리로 거룩하게 하십니다.

동시에 그리스도의 거룩은 사람을 거룩케 함과 더불어 하나님의 거룩의 정점입니다. 당신의 백성을 향한 구속이 하나님의 거룩인데, 거룩의 본체이신 예수 그리스도가 우리에게 오셔서 보이신 십자가와 부활의 구속은 하나님의 거룩의 절정입니다. 그러므로 모든 성도는 하나님의 거룩 앞에 마땅히 찬송을 올려드려야 합니다.

이런 놀라운 거룩의 정점과 또한 우리를 거룩으로 초청하신 예수 그리스도로 인해 우리는 반드시 거룩해야 합니다. 삼위일체 하나님을 향해 거룩해야 합니다. 그리고 그 하나님을 향한 거룩은 반드시 세상으로 투영되어 온 세상은 우리의 거룩을 칭송할 것입니다.

> 하나님을 찬미하며 또 온 백성에게 칭송을 받으니
> 주께서 구원 받는 사람을 날마다 더하게 하시니라(행 2:47).

따라서 성화는 언약 안에서 하나님이 자신을 먼저 거룩하게 하시므로 우리에게 주신 하나님의 커다란 선물인데, 우리 역시도 선물 받은 자답게 날마다 거룩해져야 합니다.

3. 거룩한 향한 여정

그러나 하나님을 향한 거룩한 성화의 삶은 칭의와 달리 한순간에 이루어지는 것이 아니라 일생을 거쳐 이루어지는 점진적인 과정입니다. 칭의가 단번에 이루어진 하나님의 법정적 선언이라면 성화는 칭의와 동시에 그리고 칭의를 바탕으로 이루어지는 능동적인 말씀 지킴입니다. 따라서 우리의 의지가 실제로 성화에서 유효하게 사용됩니다. 그런데 이것은 불완전함을 내포하고 있습니다. 웨스트민스터 신앙고백서 13.2에서 "이 성화는 전인에 걸쳐서 일어나지만 현세에서는 불완전하다"라고 고백하듯이 이 땅에서는 완전 성화를 이룰 수 없고 오직 완전을 향해 전진할 뿐입니다.

그래서 요한일서 1:8는 다음과 같이 강력히 말씀합니다.

> 만일 우리가 죄 없다고 말하면 스스로 속이고
> 또 진리가 우리 속에 있지 아니할 것이요(요일 1:8).

여기서 '우리'란 요한일서를 쓴 요한 사도를 포함한 믿는 자입니다. 곧 사도 역시도 아직까지 성화의 과정 가운데 있는 연약한 존재임을 고백합니다. 하지만 이런 성화의 개념을 바르게 이해하지 못하여 역사상 완전 성화를 주장하거나 반대로 성화를 아예 부정하는 양극단의 그룹들이 나타났습니다. 완전 성화를 주장하는 완전주의자들은 현세에서의 완전한 성화, 곧 영화를 주장함으로써 성경을 넘어서서 자신의 능력을 지나치게 과신하는 교만한 거룩을 주장하여 교회와 신자를 기만하였습니다.

성화 자체를 부정하는 사람들은 말씀과 성령이 주는 능동적인 거룩(말씀 지킴)을 거부함으로써 하나님을 기만하는 죄를 범하게 됩니다. 하지만 개혁주의 교회와 신학은 성경을 따라 우리의 능동적인 노력을 인정함과 동시에 이 땅에서의 불완전한 성화를 고백함으로써 가장 성경적인 성화의 삶을 살게 합니다. 개혁주의 교회와 신학은 가장 멋진 교회이자 신학입니다.

4. 거룩의 마당인 교회

이렇게 성화는 일생의 과업으로서 하나님 앞에 겸손함으로 전진해 가는 것입니다.

그러면 성화를 구체적으로 어떻게 이룰까요?

웨스트민스터 신앙고백서 13.1절에 "그리스도의 말씀과 성령으로" 그리고 13.3에 "그리스도의 성령께서 공급하는 힘으로 이긴다"라는 고백으로 알 수 있듯이 말씀과 더불어 역사하시는 성령을 통해서 우리는 성화의 이루어 가야 합니다. 곧 성화의 주체이신 성령 하나님을 의지하고, 성령께서 사용하시는 방편인 말씀을 통해서 우리는 거룩해질 수 있습니다. 곧 말씀과 더불어 역사하시는 성령 하나님, 그리고 성령의 마당인 교회 안에서 우리는 거룩해집니다. 성령께서는 하나님의 말씀을 교회의 강단을 통해 선포하길 기뻐하시고 동시에 그 말씀을 통해 교회를 거룩하게 합니다. 곧 우리는 교회 안에서 거룩해집니다.

디모데전서 4:5에 "하나님의 말씀과 기도로 거룩하여짐이라"라고 말씀합니다. 디모데전서 4:5의 "하나님의 말씀과 기도"는 개인적 성경 읽기와 기도를 말하는 것이 아니라 공예배에서 선포된 말씀과 공기도를 말씀합니다. 왜냐하면 디모데전서 4:6에서 바울이 디모데에게 "네가 이것으로 형제를 깨우치면"이라고 말씀했는데, 여기서 "이것으로"는 바로 디모데전서 4:5의 "말씀과 기도"이고, "말씀과 기도"는 목사 디모데가 공적인 사역인 예배 가운데 선포되는 말씀과 예배 가운데 공기도를 말씀합니다(딤전 4:6). 따라서 디모데전서 4:5의 우리를 거룩케 하는 "하나님의 말씀과 기도"는 공예배 시에 베풀어지는 설교와 공기도입니다.

물론 개인적인 성경 읽기와 다양한 성경공부, 그리고 개인적 기도 역시도 거룩의 방편이 될 수 있습니다. 하지만 그런 사적 경건의 수단은 모두 예배와 강단으로부터 흘러나와야 합니다. 왜냐하면 성령께서 교회를 통해 그리고 예배를 통해 당신의 백성을 거룩하게 하시기 때문입니다. 만일 예배와 강단과 동떨어진 경건을 추구한다면 디모데전서 4:3에서 말씀한 대로 혼인을 안하는 것이 더 거룩한 것이라든지, 불교처럼 음식물을 가려 먹음으로 거룩을 추구하는, 성경과 신앙고백과 상관없는 위험한 경건을 추구할 수 있습니다.

> 혼인을 금하고 어떤 음식물을 먹지 말라고 할 터이나 …(딤전 4:3).

이런 이상한 경건을 추구하는 사람들은 교회 밖의 사람이 아니라 디모데전서 4:1에 보시면 "믿음에서 떠난" 교회 안에 있는 사람입니다. 그들은 나름의 경건을 추구하지만 결국에는 성경을 떠나게 되는 비참한 결과를 맞습니다.

성령은 말씀을 하나님의 교회에 주시길 기뻐하셨고, 교회의 직분자는 말씀을 통해서 하나님의 백성을 거룩하게 합니다. 이것이 개혁주의 교회가 가진 경건의 비밀입니다. 세상은 온통 부정과 더러움으로 가득합니다. 심지어 우리 역시도 거룩하지 못합니다. 하지만 거룩을 포기하지 마십시오. 왜냐하면 거룩은 우리에게서 출발하는 것이 아니라 바로 삼위일체 하나님이 시작하고 또 교회 가운데 선포되기 때문입니다.

우리의 거룩을 교회와 성령에게 맡깁시다. 매주 교회에서 말씀을 신실하게 들음으로 여러분의 거룩을 한걸음 한걸음 전진시켜 나아가십시오.

그 발걸음의 끝에 송영의 대상이신 삼위일체 하나님이 우리를 기다리고 있습니다. 그리고 우리를 마침내 거룩의 절정인 영화를 주실 것입니다.

우리를 향한 거룩의 사역을 멈추지 않으시는 하나님, 그 하나님만을 영원히 송영합니다. 아멘!

제11장

믿음과 회개
(웨신 14, 15장)

"믿음과 회개를 선물로 주신
삼위일체 하나님을 찬양합니다!"

　루터가 500년 전, 1517년에 95개조 반박문을 게재하면서 참 교회는 거짓 교회인 로마 가톨릭교회로부터 복귀하였습니다. '복귀'란 개신교회 특히 개혁주의 교회가 말씀과 신앙고백(교리)이 있는 바른 교회로 돌아감을 의미합니다. 그리고 이 복귀의 개척자는 '믿음'입니다. 공로 사상으로 인간을 철저히 교회의 억압 아래 가두었던 로마 가톨릭교회에서 루터는 성경을 통해 '바른 믿음'을 깨닫고 '바른 믿음'을 방패삼아 교회를 개혁하고 마침내 교회는 복귀합니다.
　믿음이라는 교리는 전체 교리의 한 부분이지만 교회적 입장에서 보면 참 교회를 출발케 하는 원동력입니다. 본 장에서는 이렇게 중요한 믿음과 함께, 믿음의 첫 반응인 회개도 살펴보겠습니다.

1. 은혜와 방편으로 주어지는 선물

　'믿음'은 사람의 노력이나 의지가 아니라 성령께서 주신 중생의 선물

가운데 하나임을 기억해야 합니다. 이는 에베소서 2:8-9에서 말씀하는 바입니다.

> 너희는 그 은혜에 의하여 믿음으로 말미암아 구원을 받았으니 이것은 너희에게서 난 것이 아니요 하나님 의 선물이라 행위에서 난 것이 아니니 이는 누구든지 자랑하지 못하게 함이라(엡 2:8-9).

동일하게 웨스트민스터 신앙고백서 14.1에서도 다음과 같이 고백합니다.

> 그리스도의 성령께서 그들의 마음에 행하시는 사역이다(14.1).

믿음은 인간 의지의 산물이 아니라 성령께서 우리를 효과적으로 부르실 때 자연스럽게 반응하는 인간의 '빈 손'입니다.

이렇게 믿음이 성령의 선물임을 말씀하고 고백하는 것은 하나님의 은혜와 주권을 강조하기 위함일 뿐만 아니라 개혁주의 교회와 신학의 현저한 특징이기도 합니다!

은혜와 주권적 선물인 믿음을 고백할 때 우리는 은혜의 방편이 독점적으로 믿음을 일으킴을 명심해야 합니다. 웨스트민스터 신앙고백서 14.1에 은혜의 방편인 '말씀'이 믿음을 일으키고 굳건하게 하며, '성례,' '기도'는 말씀을 통해서 일어난 믿음을 더욱 굳건하게 함을 고백합니다. 그래서 사도행전 16:14에서 당시 자색옷감을 팔 정도로 뛰어난 커리어 우먼인 루디아가 바울의 말씀을 들었을 때 믿게 됐습니다. 말씀이 루디아의 마음을 열었습니다.

> 두아디라 시에 있는 자색 옷감 장사로서 하나님을 섬기는 루디아라 하는 한 여자가 말을 듣고 있을 때 주께서 그 마음을 열어 바울의 말을

따르게 하신지라(행 16:14).

말씀 이외에 그 어떤 것도 믿음을 불러일으키지 못합니다.

2. 기록된 말씀과 선포된 말씀

믿음을 불러일으키는 유일한 방편인 말씀은 성경 읽기와 설교, 두 가지입니다(웨스트민스터 소교리문답 89문답, 웨스트민스터 대교리문답 155문답). 전자는 기록된 말씀이고, 후자는 선포된 말씀입니다.

그런데 특이한 것은 소교리문답과 대교리문답에서 "하나님의 영이 말씀을 읽는 것 특히 말씀의 설교를 효력 있는 방편으로 삼아"라고 고백하는데, "특히"라는 표현을 쓰면서 설교에 방점을 두는 것을 볼 수 있습니다. 이는 기록된 말씀인 성경을 읽는 것(왕하 22:8-11)이 믿음을 일으키는 방편임이 분명하지만 성경에서는 주로 설교(느 8:8; 행 2:14-36; 3:12 이하; 7:1 이하; 8:26 이하; 13:15 이하; 17:2 이하; 살전 2:13 등)를 통해 믿음을 불러일으킴을 말씀하기 때문입니다. 교회 역사에서도 한결같이 루터, 칼빈 등과 같이 신실한 말씀 사역자의 설교에 의해 믿음이 불러일으켜집니다.

이렇게 설교가 믿음을 일으키는 주요 방편인 것은 교회가 설교를 위임받았기 때문입니다. 교회는 성령의 사역의 터이고, 설교단은 성령께서 임재하시는 사역의 현장입니다. 하나님은 설교를 개인에게 주지 않고 교회에게 주셨고, 교회는 신실한 설교를 통해 회중에게 믿음을 불러일으킵니다(마 16:18-19). 그래서 바울이 데살로니가전서 2:13에 자신의 설교를 하나님의 말씀이라고 하며, 동시에 이 하나님의 말씀이 너희 믿음 가운데 역사한다고 말씀합니다.

이러므로 우리가 하나님께 끊임없이 감사함은 너희가 우리에게 들은 바 하나님의 말씀을 받을 때에 사람의 말로 받지 아니하고 하나님의 말씀으로 받음이니 진실로 그러하도다 이 말씀이 또한 너희 믿는 자 가운데에서 역사하느니라(살전 2:13).

또 같은 개혁파 신앙고백인 하이델베르크 요리문답에서는 천국 열쇠를 '교회의 설교'로 고백해, 설교를 통해 천국의 문이 열리고 닫힌다고 고백합니다(하이델베르크 요리문답 83문답). 이것은 교회와 강단을 통해 구속 역사를 중단 없이 이어가시는 삼위일체 하나님의 놀라운 은혜입니다. 따라서 믿음은 은혜의 방편을 통해서 우리에게 주시는 하나님의 선물이지 결코 인간의 감정 혹은 의지의 산물이 아닙니다.

3. 언약 안에서의 믿음

하나님의 선물로서 믿음은 결코 일방적이지 않습니다. 곧 말씀을 통해 우리에게 믿음을 일으키실 때 하나님은 그에 걸맞은 반응을 요구하십니다. 그런데 그 반응은 결코 소극적이지 않습니다. 선물로 주신 믿음을 다시 믿음이라는 이름으로 하나님께 돌려드리는데, 적극적으로 생명을 드리는 것으로 나타납니다. 그래서 구약에서 언약 맺음은 피의 맹세이고(출 24장) 신약의 성찬 역시도 예수의 피를 포도주로 마십니다(눅 22:20). 곧 믿음은 생명의 맹세입니다. 그리고 동시에 믿음은 하나님과의 적극적인 관계인 언약이기도 합니다.

레위와 세운 나의 언약은 생명과 평강의 언약이라(말 2:5).

그럼 이제, 언약 안에서 신자의 능동적인 믿음을 비로소 말할 수 있게 됐습니다. 언약은 하나님과 사람 간의 인격적 교제입니다. 믿음은 분명 은혜지만 언약은 이 믿음을 인격적 교제로 승화시킵니다. 언약 안에서 믿음은 일방적인 선물임과 동시에 우리의 송영이기도 합니다. 그렇기 때문에 성경은 우리의 믿음을 은혜 못지않게 더욱 강조하고 요구합니다(마 9:22; 행 14:9; 롬 1:8; 약 2:18).

견고한 믿음을 요구할 수 있는 것은 언약의 상대자인 하나님의 견고함 때문입니다. 하나님은 미쁘신(신실하신) 분이십니다. 하나님은 약속하신 모든 말씀을 신실하게 이루십니다. 창세기 3:15의 여자의 후손을 약속하시고 그 여자의 후손인 예수 그리스도를 보내기까지 얼마나 신실하게 구속 역사를 이끌어 가시는지 모릅니다. 심지어는 사람의 믿지 아니함도 하나님의 미쁘심을 폐하지 못합니다.

> 어떤 자들이 믿지 아니하였으면 어찌하리요 그 믿지 아니함이
> 하나님의 미쁘심을 폐하겠느냐 그럴 수 없느니라(롬 3:3-4).

성경은 불신의 역사이기도 하지만 동시에 불신을 뛰어넘는 미쁘심의 역사이기도 합니다. 그래서 성경의 많은 위인들이 하나님의 미쁘심 때문에 그들도 미쁘게 하나님을 신뢰했습니다. 늙은 아브라함과 사라가 믿음이 견고한 것은 후손을 주시겠다는 미쁘신 하나님을 신뢰했기 때문입니다(롬 4:19-20).

믿음은 하나님의 미쁘심(믿음)을 고백하는 것입니다. 하나님을 하나님으로 고백하는 것입니다. 언약 안에서 견고한 하나님의 미쁘심이 우리의 견고한 믿음을 이끌고 있습니다. 우리는 견고한 믿음을 갖지 않을 수 없습니다. 이것은 언약 안에 있는 자연스러운 우리의 반응입니다.

4. 생명에 이르는 회개

믿음을 고려할 때 또 한 가지 반드시 말해야 하는 것은 회개입니다. 왜냐하면 믿음이 회개로 드러나기 때문입니다. 곧 성령께서 말씀으로 사람에게 믿음을 불러일으킬 때 사람은 선물로 받은 믿음을 다시 돌려드리는데, 바로 '내가 죄인입니다'라는 회개를 가장 먼저 고백합니다. 그래서 루터 95개조 반박문의 첫째 내용이 회개입니다.

> 예수께서 '회개하라'고 명하실 때에 우리의 전(全) 생애가 회개의 삶이 되어야 한다고 하신 것이다(루터 95개조 1항).

회개는 바로 참된 믿음의 표지입니다. 하지만 로마 가톨릭교회는 참된 믿음을 가르치지 않았으므로 참된 회개가 아니라 면죄부를 통해 거짓 회개를 드러냈습니다. 믿음은 회개의 마음이고, 회개는 믿음의 소리입니다(행 20:21).

회개는 문자적으로 '돌아감'을 의미합니다(호 6:1). 그 돌아감은 "옛적 길"입니다.

> 여호와께서 이와 같이 말씀하시되 너희는 길에 서서 보며
> 옛적 길 곧 선한 길이 어디인지 알아보고 그리로 가라(렘 6:16).

여기서 "옛적 길"이란 "선한 길"인데 바로 하나님의 말씀으로 돌아감이고, 이것은 언약 안으로 돌아가는 것입니다. 곧 회개란 우리의 죄악 된 모습을 말씀을 통해서 감찰하고 그 죄에 대해 애통하면서 다시 하나님의 말씀, 곧 언약 안으로 돌아감을 의미합니다.

말씀과 언약 안으로 돌아감은 구체적으로 행동으로 나타납니다. 세례 요한

이 '회개하라'고 말씀한 다음 '회개에 합당한 열매를 맺으라'고 명합니다. '무리'에게는 옷과 음식을 나누어주라고 했고, '세리'에게는 부과된 것 이외에 걷지 말라고 했으며, '군인'에게는 강탈하지 말고 받는 바를 족한 줄로 여기라고 구체적으로 명하고 있습니다(눅 3:3-14). 회개란 결코 추상적인 개념이 아니라 바로 믿음을 일으키는 구체적인 고백이자 행동입니다. 우리의 믿음을 회개라는 행동으로 증명하지 않으면 참된 믿음이 아닙니다(약 2:18).

말씀과 언약으로 돌아감은 교회로 돌아감을 의미합니다. 사도행전 2:37 이하에서 유대인들이 베드로의 설교를 듣고 "우리가 어찌 할꼬" 하면서 회개의 심령을 드러내자, 베드로는 "회개하고 세례를 받으라"고 말씀합니다. 여기서 세례는 교회의 성도가 되라는 명령입니다. 이는 이들이 사도행전 2:41-42에서 세례를 받고 말씀을 받으며 성찬에 참여하여 교회를 이룬 사실에서 알 수 있습니다. 회개의 최종 목적지는 언약인데, 이 언약은 교회 안에서 매주 예배를 통해 확인되므로 눈에 보이는 회개의 최종 목적지는 교회라고 할 수 있습니다.

따라서 회개는 결코 우리 안의 심리적 변화가 아니라 우리의 삶이 근본적으로 바뀌는 것이며 동시에 언약과 교회 중심이라는 삶을 이끌어냅니다.

성령은 우리를 믿음과 회개로 부르셨습니다.

특별히 매주 강단의 말씀을 통해 우리 안에 믿음을 일으키고 동시에 우리의 가장 깊은 내면에서부터 통회하게 만드는 구원의 은혜를 주십니다!

여러분 이 은혜 결코 가볍게 여기지 마십시오!

그리고 그 은혜에 깊이 감사하면서 '구원에 이르는 믿음'과 '생명에 이르는 회개'를 진실한 마음으로 고백하고 삶 전체를 새롭게 하시길 바랍니다.

믿음과 회개를 선물로 주시어 우리를 언약과 교회로 이끄신 삼위일체 하나님을 영원히 송영합니다. 아멘!

제12장

선행
(웨신 16장)

*"선행으로 자신을 드러내시는
삼위일체 하나님을 찬송합니다!"*

매년 초 일 년을 계획을 세우고, 매달 초 한 달의 계획을 세우고, 매일 아침에 하루의 계획을 세웁니다. 하지만 뒤돌아보면 우리의 의지가 연약함을 고백합니다. 사람이 강한 것처럼 보이지만 실상 죄에 금세 넘어가는 참으로 연약한 존재입니다. 많은 신앙의 선배들은 이런 연약한 마음을 잘 알았기에 자신의 마음을 믿지 않고 오직 그리스도만을 의지했습니다. 그리스도를 의지하는 것이 강건함의 유일한 비결입니다.

매순간마다 자신을 의지하지 말고 오직 그리스도만을 의지합시다!
이것이 본 장에서 배울 선행의 비결이기도 합니다.

1. 언약 안에서 발생하는 선행

웨스트민스터 신앙고백서 16장에서 고백한 선행은 착한 행실입니다. 우리가 그리스도를 믿게 되면 우리의 모습이 점점 하나님의 형상으로 닮아가 하나님과 이웃을 사랑하게 됩니다(마 22:37-40). 거듭난 신자의 마음속에 성령께서 내주하시면서 성화가 시작되고 이것이 선행으로 자연스럽게 드러납니다. 곧 믿음과 성령의 내주, 그리고 성화가 선행을 통해 눈으로 확인됩니다.

눈으로 확인되는 선행은 반드시 언약에서 기인합니다. 왜냐하면 선행은 성화가 외적으로 드러난 것이기 때문에 성화의 바탕인 언약 역시 선행의 바탕입니다. 언약이 선행의 바탕이기 때문에 선행은 결코 인간의 인위적인 노력이 아님을 알 수 있습니다. 언약은 하나님과 우리의 자연스러운 관계입니다.

하나님이 자신을 보여 주시고 우리는 자신을 보여 주신 하나님을 찬양하는, 서로에 대한 자기 헌신이 언약의 핵심입니다. 언약은 서로를 향한 사랑과 헌신이 전부이기에 결코 어떤 인위적인 노력이 끼어들 여지가 없습니다. 하나님이 자신을 보여 주실 때 신자는 하나님을 향한 사랑의 마음이 불타오르고, 그 불타오르는 마음으로 하나님과 이웃을 향해 선한 행동을 할 수밖에 없습니다.

그래서 웨스트민스터 신앙고백서 16.2에 다음과 같이 고백합니다.

> 하나님의 계명에 순종함으로 행하는 이 선행은 참되고 살아 있는 믿음의 열매요 증거이다(16.2).

곧 계명에 순종함은 언약 안에서 하나님을 향한 사랑입니다. 언약 안에 있는 사랑으로 우리는 비로소 선행을 할 수 있습니다.

아주 자연스럽게 말입니다!

2. 삼위일체의 신비 가운데 발생하는 선행

선행을 언약 안에서 발생하는 자연스러움이라고 정의하면 우리는 깊이 생각해야 할 분이 있습니다. 바로 성령이십니다. 성령은 우리를 거룩하게 하시는 성화주(主)로서, 그리스도께서 이루신 구원을 우리에게 효력 있게 적용시켜 날마다 거룩하게 하시는 분입니다. 그러하기에 성령은 성화가 외적으로 드러난 선행에서도 역시 주체이십니다.

에스겔 36:26에서 다음과 같이 말씀합니다.

> 내 영을 너희 속에 두어 너희로 내 율례를 행하게 하리니(겔 36:26).

이 말씀을 따라 웨스트민스터 신앙고백서 16.3에서 다음과 같이 바르게 고백합니다.

> 그들이 선한 일을 행하는 능력은 결코 자신들에게서가 아니라 전적으로 그리스도의 성령에게서 나온다(16.3).

성령은 우리로 하여금 성화의 주가 되셔서 성화와 그 성화가 외적으로 드러난 선행을 격려하고 발생시키는 유일한 원동력입니다.

성령께서 성화의 주(主)라는 사실에는 실상 삼위일체 하나님이라는 더 깊은 층위를 가지고 있습니다. 삼위일체 하나님의 교제가 성령에 의해 확대된 것이 성화, 곧 선행이라고 할 수 있습니다.

삼위일체 하나님은 창조 전에 서로 간에 교제하셨습니다. 이는 삼위일체 하나님의 이름에서 알 수 있습니다. 성부, 성자, 성령이라는 이름은 우리가 부르는 하나님의 이름이라기보다는 창조 전에 삼위 하나님 간에 서로를 향한 이름입니다. 성부는 성자에 대해 아버지로, 성자는 성부에게 아들로,

성령은 성부와 성자로부터 영(Spirit)으로 불렸습니다.

그런데 이 이름은 삼위 하나님이 서로를 향해 존재할 때만 불릴 수 있습니다. 성부는 성자가 존재할 때만, 성자는 성부가 존재할 때만, 성령은 성부와 성자가 존재할 때만 각각 성부, 성자, 성령으로 불릴 수 있습니다. 그래서 예수께서 하나님을 호칭할 때 대부분 아버지라 불렀고(요 17:24), 하나님도 예수를 아들이라 불렀으며(마 3:17; 요 3:15), 성부와 성자 역시도 성령을 성령이라고 불렀습니다(눅 10:21; 고후 13:13). 성부, 성자, 성령이 서로 간에 가진 이런 친밀한 교제가 이미 창조 전에 존재했습니다(요 17:24).

그런데 삼위 하나님 간의 친밀한 교제를 개혁신학자들은 삼위 간의 교제라고만 치부하지 않고 평화 언약이라고 말합니다. 왜냐하면 평화 언약은 삼위 하나님 간의 교제를 뛰어넘어 우리를 삼위 하나님의 교제 가운데 초청하시기 때문입니다.

이는 창세 전에 삼위일체 하나님의 작정에서 명확히 알 수 있습니다. 제3장의 작정에서 배운 것처럼 하나님은 우리와 관계하시기 전에 이미 우리를 작정해 놓으셨습니다(엡 1:11). 곧 창조 전 삼위 하나님의 교제 안에는 우리가 이미 포함돼 있습니다. 삼위 하나님의 평화 언약 안에 우리의 창조, 구원, 성화의 모든 것, 곧 우리의 실존 전체가 포함돼 있습니다. 따라서 성화, 곧 선행은 단순히 성령께서 어느 날 파송 받아 우리를 거룩하게 하시는 것이 아니라 삼위일체 하나님이 창조 전에 작정하시어 우리를 거룩하게 하시는 삼위일체 하나님의 신비입니다.

우리의 모든 것이 이미 창조 전에 삼위일체 하나님의 교제 가운데 있다는 것은 놀라운 일입니다.

이렇게 비천하고 보잘 것 없는 우리를 이미 창조 전, 곧 영원부터 작정하시어 창조하시고, 때가 차매 그리스도를 보내어 구속하시고, 또 보혜사 성령을 보내시어 우리를 거룩하게 하신 하나님을 정말 찬송할 수밖에 없습니다!

선행은 결코 우리에게서 나오지 않고, 성령, 나아가 삼위일체 신비 안에서 나오는 하나님의 선물입니다. 아멘!

3. 삼위일체 하나님의 마당인 교회에서 일어나는 선행

그렇다면 선행을 구체적으로 어떻게 실천해야 할까요?

구원을 받았으니 무한한 자유로 자신이 원하는 대로 할까요, 아니면 세상의 윤리나 도덕에 기대서 선행할까요?

성경과 신앙고백서는 한결같이 '거룩한 말씀이 명령하는 것'(16.1)으로, '계명에 순종함'(16.2)으로 선행을 하라고 말씀합니다. 한마디로 선행은 자신의 자유나 인간적인 윤리를 넘어선 하나님의 말씀을 행하는 것입니다.

이는 수많은 개혁주의 신앙고백서에서 한결같이 십계명을 선행의 주요한 방편으로 고백하는 것에서 알 수 있습니다. 십계명은 삼위일체 하나님이 자신의 백성에게 주신 법인데, 이 법은 구약뿐 아니라 신약에서도 여전히 유효하게 쓰이고 있습니다. 바울이 에베소서 6:1-2에 부모 공경을 말씀하면서 "이것은 약속 있는 첫 계명"이라고 말씀하는데, 부모 공경이 윤리가 아닌 십계명에서 나온 것임을 말씀합니다. 이렇게 십계명은 구약의 법이지만 신약에서도 여전히 쓰이는 것은 언약 백성의 성화와 선행을 위한 하나님의 놀라운 배려입니다. 하나님은 구원 이후에도 우리를 버려두지 않고 여전히 언약 안에서 우리와 상관하십니다. 곧 우리를 자신의 형상으로 거룩하게 하려는 하나님의 놀라운 배려입니다.

이런 놀라운 하나님의 배려는 곧장 교회로 우리를 인도합니다. 언약의 법인 십계명을 위시한 선행의 말씀은 교회라는 마당에서 선포되는 설교입니다. 성경 자체가 하나님의 말씀임이 분명하지만 동시에 설교 역시 선포된 하나님의 말씀입니다. 왜냐하면 성경을 기록한 성령 하나님은 설교단에서도 동일하게 역사하기 때문입니다. 그래서 바울이 고린도전서 2:4에서 다음과 같이 말씀합니다.

> 내 말과 내 전도함이 설득력 있는 지혜의 말로 하지 아니하고 다만 성령의 나타남과 능력으로 하여(고전 2:4).

바로 성령은 선행의 말씀을 설교자의 입에 담아두셔서 설교를 선행의 말씀으로 가장 적실하게 사용하십니다. '자신의 이익'과 '하나님과 이웃 사랑'이라 긴장 사이에서 하나님은 설교를 통해 말씀을 선포하시어 선행을 격려하고, 자극합니다.

동시에 목사의 설교는 직분자인 장로와 집사의 손에 들리어 더욱 적실하게 가정과 개인을 하나님의 말씀으로 격려하고 자극합니다. 장로의 심방은 하나님의 찾아오심입니다. 그래서 바울이 사도행전 15:36에 "다시 가서 … 방문하자"라고 하면서 교회를 다시 심방을 하는데 "방문하자"라는 단어는 하나님이 자신의 백성을 찾아오실 때 쓰이는 단어와 동일한 어원을 가진 단어입니다.

> 며칠 후에 바울이 바나바더러 말하되 우리가 주의 말씀을 전한 각 성으로 다시 가서 형제들이 어떠한가 방문하자 하고(행 15:36).

또 집사의 자비의 봉사인 구제 역시도 하나님의 찾아오심입니다. 룻에게 찾아온 보아스의 따뜻한 물질적 배려, 곧 룻을 자신의 밭에서 이삭을 줍게 하며(룻 2:8), 자신의 밥상으로 초대하고(룻 2:14), 일부러 이삭을 흘리는 것(룻 2:16)은 모두 다 물질적 배려이고, 씨와 재산을 회복시키는 것이며, 궁극적으로 예배와 성찬상으로 초대입니다. 구약의 가장 탁월한 집사인 보아스의 물질적 심방을 통해 하나님이 찾아오시는 깊은 은혜를 맛보게 합니다.

이렇듯 선행은 삼위일체 하나님이 우리에게 주시는 말씀에 순종함이며 동시에 교회의 말씀인 설교에 순종함입니다. 바로 우리와 언약 안에서 상관하시는 하나님의 배려이며 오직 하나님께 영광이 있음을 알리는 선언이기도 합니다.

우리는 선행을 통해서 삼위일체 하나님을 주목하게 됩니다. 삼위일체의 신비에서 시작한 선행은 삼위일체 하나님의 영광으로 우리를 재촉합니다.

선행은 삼위일체 하나님을 송영케 하는 몸의 언어입니다!

선행을 통해 우리에게 자신을 드러내 보이신 삼위일체 하나님, 그분만을 영원히 송영합니다!

솔리 데오 글로리아!(*Soli Deo Gloria*, 오직 하나님이 영광을)

제13장

은혜와 구원의 확신
(웨신 18장)

"구원의 확신을 자신의 손에 두신
삼위일체 하나님을 찬송합니다!"

겨울에 하나님은 이미 봄을 준비하셨다가 때가 되면 노오란 개나리 잎새로 반갑게 봄과 자신이 있음을 살포시 알리십니다. 우리를 향한 하나님의 수줍은 미소가 봄을 통해서 노랗게 피어갑니다.

때가 차매 봄을 보내 주시는 하나님의 은혜와 섭리를 생각할 때 우리의 구원에 대해서 생각하지 않을 수 없습니다. 하나님의 언약의 대상은 우리이고 언약은 섭리를 이끌기 때문입니다. 바로 우리의 구원에 대하여 하나님은 자신의 아들을 보내시기까지 신실하게 역사하십니다. 이런 하나님의 지대한 관심 때문에 우리는 구원을 확신하며 오직 하나님의 은혜에 기대서 깊은 감사를 고백합니다.

이것이 바로 웨스트민스터 신앙고백서 18장 "은혜와 구원의 확신"의 고백이기도 합니다. 신자가 가진 구원의 당당함, 그 정당함을 웨스트민스터 신앙고백서 18장을 통해 배우겠습니다.

1. 삼위일체 하나님의 손 안에 있는 보석, 작정(협의)

예수를 믿고 난 후 우리의 신앙생활은 그리 녹록하지 않음이 사실입니다. 예수를 믿으면 모든 일이 잘 될 것 같은데, 꼭 그렇지만은 않습니다. 원했던 학교나 직장에 들어가지 못하거나 부모님과 친구, 직장 동료 간의 갈등으로 예수를 믿는 것이 무엇인지를 깊이 생각하게 됩니다.

또 자신 안에 여러 죄 된 본성으로 인해 구원의 확신이 흔들리게 되는 경우도 있습니다. 이런 구원에 대한 의구심은 신자라면 누구나 한 번쯤은 생길 수 있습니다. 하지만 이런 구원에 회의, 불안감은 신자의 경험을 기준으로 삼아 생기는 것인데, 웨스트민스터 신앙고백서 18.1에서 이를 "스스로를 허탄하게 속이는 것"이라고 고백합니다. 왜냐하면 구원은 우리의 손에 있지 않기 때문입니다. 바로 전능하신 하나님, 곧 삼위일체 하나님의 손에 구원이 있습니다. 그리고 그 손에는 작정이라는 보석도 함께 있습니다. 웨스트민스터 신앙고백서는 구원의 확신에 대해 다음과 같이 삼위일체적으로 멋지게 고백합니다.

> 성도의 견인은 그들의 자유의지가 아니라 선택 작정의 불변성에 달려 있다. 성부 하나님의 변치 않는 사랑, 예수의 공로와 중보의 효력, 성령의 내주와 우리 안에 있는 하나님의 씨의 내재, 그리고 은혜 언약의 본성에 의존한다(17.2).

신앙고백서가 이렇게 하나님의 손안에 있는 보석인 작정을 멋지게 노래한 것은 성경은 구원의 기초를 삼위일체 하나님의 작정으로 말씀하기 때문입니다.

모든 일을 그의 뜻의 결정대로 일하시는 이의 계획을 따라 우리가 예정을 입어 그 안에서 기업이 되었으니 이는 우리가 그리스도 안에서 전부터 바라던 그의 영광의 찬송이 되게 하려 하심이라(엡 1:11-12).

사도 바울은 에베소 교인에게 구원에 대한 말씀을 하면서 "찬송하리로다"(엡 1:3)로 시작합니다. 하나님의 은혜에 압도되었기 때문입니다. 그리고 그 압도됨의 핵심은 바로 에베소서 1:11에 "하나님의 뜻의 결정(counsel)"입니다. 즉 삼위일체 하나님의 협의(counsel)입니다.

여기서 '협의'(counsel)란 사람의 지혜와 이성이 추적할 수 없는 성부, 성자, 성령의 '하나 됨'(일체, unity)에서 나오는 온전한 뜻을 말씀합니다. 구원의 출처가 삼위 하나님의 하나 됨이라는 것은 오류가 없고 완벽하다는 것이며, 동시에 인간의 지혜, 공로 등 인간에게 어떠한 도움도 받지 않으며 심지어는 도움이 될 수도 없음을 말씀합니다.

따라서 하나님이 주신 구원이 하나님에 의해 철회되거나 우리에 의해 중도에 탈락되는 일은 결코 있을 수 없습니다. 삼위일체 하나님이 온전한 지혜로 협의하시고 홀로 이루시기 때문입니다. 만일 중도에 철회 혹은 탈락된다면 삼위 하나님의 불완전한 협의, 곧 온전하지 못한 뜻, 나아가 거짓말 하시는 하나님으로 번져 나아갈 수 있습니다.

또 협의의 시점은 에베소서 1:11에 "예정을 입어"에서 알 수 있듯이 창조 전, 곧 영원입니다. 곧 삼위 하나님의 협의는 시간 너머에 있기 때문에 우리는 협의의 시점인 영원에 도달할 수 없으며 협의는 우리의 것이 아님을 명확하게 말씀합니다. 철저히 삼위 하나님은 자신의 작정을 두메산골보다 더 깊은 영원에 숨겨 두어 스스로의 협의를 주권적으로 그리고 완벽하게 이루십니다.

그렇기 때문에 웨스트민스터 신앙고백서의 고백대로 우리가 구원에 대해서 의심하는 것은 "스스로를 허탄하게 속이는 것"(18.1)입니다. 오히려 우리는 확신으로 그리고 확신을 주신 삼위일체 하나님에게 찬송을 올려드려야 합니다. 창조 전, 영원에서 이미 삼위 하나님의 하나 됨의 신비한 지혜로 성부는 사랑의 기원자로, 성자는 사랑의 봉사자로, 성령의 사랑의 고리로서, 은혜 언약 안에서 우리에게 자신 전체를 주신 삼위일체 하나님을 영원히 송영해야 합니다. 아멘!

> 여호와의 계획은 영원히 서고 그의 생각은 대대에 이르리로다(시 33:11).

2. 성령을 의지하는 구원의 확신

1) 자신의 완전함에 기대는 교만

그렇다면 구원의 확신을 우리는 어떻게 소유할 수 있습니까?

우선 자신을 의지하지 말아야 합니다. 자신을 바라보는 것을 웨스트민스터 신앙고백서 18.2에서 "그릇된 소망에 근거한 한갓 억측이나 그럴듯한 신념"이라고 고백합니다. 그럴듯한 소망이라는 것은 완전주의적 경향으로 크게 인간의 감정을 의지하거나 지성을 의지하는 것을 말합니다. 곧 인간의 감성과 지성을 의지해서 인간이 완전해질 수 있다고 억측하는 사람들을 가리킵니다.

첫째, 감성을 의지하는 대표주의자가 바로 신비주의자들입니다. 신비주의자들은 신과의 합일(완전한 일치)의 세계에 들어갈 수 있다고 믿으며 그 신비에 들어가기 위해 수많은 명상과 고행을 합니다. 그리고 그들의 주장에 의하면 황홀경(ecstasy)에 들어가 신과 교감합니다. 그리고 그런 황홀경에 있는 사람들은 자신이 행하는 모든 것이 완전하다고 주장합니다.

하지만 하나님이 중보자 예수 그리스도 없는 이런 교감을 허락하시 않으시므로 신비주의자들은 결국 자신의 감정에 충실한 허탄한 무리입니다. 곧 감정에 몰입되어 신을 자신의 감정으로 끌어내리는 사악한 사람들입니다.

우리의 감정과 감각이 아니라 중보자 그리스도 안에서 하나님을 바라봐야 합니다!

둘째, 지성을 이용해서 하나님을 추적할 수 있다고 도전하는 수많은 똑똑한(?) 사람들이 있습니다. 이들은 인간 지성의 능력을 과대화해서 하나님을 자연과학, 혹은 학문, 철학 등의 도구로 추적하고 신의 본질에 파헤쳤다고 주장합니다. 하지만 이것 역시도 거짓입니다. 왜냐하면 하나님은 이성의 너머, 영원에 존재하신 분이시기에 현실과 감각을 기초로 사유하는 오만불손한 이들에게 곧장 문을 닫으시기 때문입니다. 지성을 통해서 하나님에게 접근하려는 교만한 사람들을 하나님은 사변의 심연으로 그들을 던지실 것입니다. 따라서 우리는 제한된 이성이 아닌 온전한 그리스도를 의지하여 하나님을 만나야 합니다.

이렇게 이 두 가지 경우는 모두 인간이 스스로에게서 구원을 찾으려고 하는 교만한 시도합니다.

이것은 아담의 원죄에서 기원한 인간 교만이며, 하나님은 반드시 이들을 홀대하실 것입니다!

오직 하나님의 말씀 안에서 겸손히 하나님을 찬송하는 자에게만 하나님은 벗은 발로 후대하실 것입니다.

2) 우리의 보증(guarantee)이신 성령

그러면 구원의 확신은 어디에서 기원합니까?

바로 성령입니다. 웨스트민스터 신앙고백서 18.2에서 다음과 같이 고백합니다.

> 틀림없는 믿음의 확신은 … 우리가 하나님의 자녀인 것을 증거하시는 양자의 영에 기초하였으니, 이 성령은 우리가 구속의 날까지 인치심을 받게 하는 우리 유업의 보증이시다(18.2).

성령이 확신의 주체입니다. 왜냐하면 성령은 '유업의 보증'이기 때문입니다. 유업의 보증이란 고린도후서 1:22에 '보증'이라는 말씀에서 기원합니다.

> 그가 또한 우리에게 인치시고 보증으로 우리 마음에 성령을 주셨느니라(고후 1:22).

고린도후서 1:22에서 '보증'은 위에서 말씀한 하나님의 협의에서 비롯된 구원에 대한 약속이 변함없고 틀림이 없다는 것을 단적으로 증거하는 표현인데, 그 보증은 바로 성령이십니다(고후1:20-22).

여기서 사도 바울이 '보증'이라는 단어를 쓴 것을 매우 주목하셔야 합니다. '보증'(guarantee)이란 쉽게 설명하면 어떤 물건에 대한 계약금을 의미합니다. 하지만 계약금이란 단어는 고린도후서 1:22의 보증으로서의 성령을 온전히 전달하지 못합니다. 왜냐하면 보증(계약금)이라는 단어는 어떤 물건에 대한 선금으로 물건에 대해 미리 가지는 권리를 말합니다. 하지만 이 권리는 언제든지 파기될 가능성을 염두에 두고 있습니다. 어찌 보면 보증(계약금)이란 단어 자체가 인간의 연약함을 나타낸다고 말할 수 있습니다.

하지만 성령을 보증이라고 할 때는 파기를 전혀 염두에 두지 않는 완전함을 말씀합니다. 곧 성령은 완성(종말)의 영이신데, 역사 끝에 이루어질 완성(종말)을 지금 현재에 가지고 오시는 분입니다. 일명 완성(종말)을 미리 성취하시는 분입니다. 완성을 미완성의 시대에 가지고 오신 분입니다. 이것이 모순 같아 보이지만, 완성(종말)의 영이신 성령의 능력입니다. 바로 사도 바울이 구원의 확신에 대한 강력한 근거를 성령으로 말씀한 것은 바로 성령은 완성(종말)의 영이시기 때문입니다.

미완성과 불신의 시대에 믿을 수 있는 유일한 분은 성령밖에 없습니다. 바로 보증은 이런 의미입니다. '완벽함,' '예외 없음'을 의미합니다. 그리고 성령은 웨스트민스터 신앙고백서 18.3에 나온 대로 '통상적인 방편,' 곧 은혜의 방편인 말씀, 성례, 기도를 통해 우리에게 구원의 확신을 주십니다. 바로 은혜의 방편을 통해 우리에게 구원을 보증하십니다.

구원의 확신을 배웠는데, 놀랍게도 구원의 확신은 우리의 것이 아님을 깨닫게 됐습니다. 삼위일체 하나님의 작정, 섭리 가운데 있는 삼위일체 하나님의 사역 그리고 우리 마음에 내주하시는, 보증이신 성령이 구원의 확신입니다.

구원의 확신조차도 우리 것이 아니라 삼위일체 하나님이 우리에게 주신 선물입니다!

삼위일체 하나님의 손에 있는 구원의 확신을 인간의 교만함으로 가져오려는 다양한 시도들에 현혹되지 마십시오.

그것은 오히려 우리의 열심을 부추길 뿐 결국에는 쓰디쓴 불신만 맛보게 할 것입니다.

오직 말씀과 더불어 역사하시는 성령, 그리고 삼위일체 하나님만을 의지합시다.

이것이 바로 구원의 확신이자 개혁파 신앙입니다!

우리의 확신까지도 자신의 손에 두셔서 우리 입에 '아멘'을 찬송으로 주신 삼위일체 하나님만을 송영합니다. 아멘!

제14장

하나님의 법
(웨신 19장)

*"율법(하나님의 법)을 통해 언약을 드러내신
삼위일체 하나님을 찬양합니다!"*

만물의 화가이신 하나님이 겨우내 숨겨 두었던 초록과 연분홍 물감으로 여기저기 색의 향연을 펼치십니다. 생명은 감추어져 있지만 죽은 것은 아닙니다. 때가 차매 생명은 반드시 보고 만지고 느끼고 들을 수 있는 하나의 생생함으로 나타납니다. 생명과 생명의 박동은 떨어질 수 없는 '하나'(unity)입니다.

우리의 생명도 마찬가지입니다. 하나님이 우리에 주신 생명은 마음속에 갇혀있는 외톨이가 아닙니다. 생명은 하나님의 말씀을 통해 움 돋고, 움 돋은 생명은 다시 말씀을 지킴으로 자신이 살아 있음을 증거합니다. 생명과 말씀 지킴은 '하나'입니다.

본 장에서 다룰 웨스트민스터 신앙고백서 19장 "하나님의 법"은 우리의 생명을 확인하는 귀한 교리입니다. 생명이 어떻게 하나님의 법(율법)을 통해 힘있게 요동치는지 공부해 봅시다.

1. 언약과 율법(하나님의 법)

하나님은 자신의 백성과 언약을 세우실 때, 항상 언약의 구체적인 조항(하나님의 법)을 함께 주십니다. 첫 사람 아담에게는 언약과 더불어 선악과 명령을 주시고(창 2:16-17), 아브라함에게는 본토 친적 아비의 집을 떠나라(창 12:1)는 명령을 주셨으며, 모세와 구약 백성에게는 십계명을 비롯한 율법을 주시고, 예수께서도 산상수훈을 비롯한 수많은 명령을 주십니다.

언약 관계는 마음속의 감정이 아닌 영육의 모든 것을 상관하는 인격적인 교제입니다. 이렇게 하나님과 우리와의 관계인 언약은 '살아 있는 관계'(a living relationship)입니다. 살아 있는 관계란 둘 사이의 어떤 인격적 교감도 일어나지 않은 마른 사막이 아니라 여기저기 꽃이 피고 시원한 바람이 불고 열매를 맺는 아름다운 동산입니다.

하나님은 우리와 지속적으로 관계하길 원하시고 그 관계인 언약은 하나님의 법(율법)을 통해 생생하게 눈으로 목도 되고 만져집니다. 따라서 '관계인 언약'과 '관계를 생생하게 하는 율법'은 결코 떨어져서 생각할 수 없는 '하나'입니다. 곧 언약과 율법은 서로 강력하게 결속하여 언약은 율법을 통해서 자신을 드러내고 율법은 자신의 본질이 언약임을 알게 합니다. 따라서 언약과 율법은 별개로 생각할 수 없는 하나이며 하나님이 언약과 율법을 하나로 주심으로 하나님과의 관계는 참으로 율법을 지키는 것임을 말씀하셨습니다.

2. 언약과 율법의 항구성

언약과 율법은 하나이기에 결코 분리할 수 없습니다. 이것은 율법의 항구성을 의미합니다. 왜냐하면 언약은 하나님과의 관계이기 때문에 세상 끝날까지 아니 종말 이후, 영원까지도 존속하므로 언약과 한 몸을 이룬 율법 역시도 영원합니다.

이는 구약과 신약을 하나의 역사로 보는 언약사(구속사)를 통해 알 수 있습니다. 구약에서는 언약의 조항으로 모세율법을 주셨습니다. 구약 성도들은 하나님과의 살아 있는 관계를 모세율법을 통해서 확인했습니다. 그리고 모세율법은 중단 없이 신약에서도 그대로 이어집니다. 산상수훈 등의 신약의 율법은 구약의 율법을 문자적으로 동일하게 받지 않지만 율법의 목표인 생생한 관계는 여전히 지향하고 있습니다. 곧 구약도 신약도 형식은 다르지만 언약과 살아 있는 관계를 드러내는 율법을 가지고 있으므로 구약은 어느 순간에 멈추지 않고 신약으로 이어지고 전진합니다.

그런데 이런 언약의 역사는 놀랍게도 종말 이후 영원까지 이어집니다. 그리스도가 재림하신 후는 무법의 시대가 아니라 율법이 여전히 존재할 뿐 아니라 강화된 시대입니다. 요한일서 2:17은 다음과 같이 말씀합니다.

> 이 세상도, 그 정욕도 지나가되 오직 하나님의 뜻을 행하는 자는 영원히 거하느니라(요일 2:17).

여기서 '하나님의 뜻'은 율법이고 율법을 지키는 것은 태초 벽두부터 시작되어 영원까지 이어지는 항구적인 의무입니다. 언약이 영원하기 때문입니다. 따라서 율법은 실상 복음을 넘어선 영원입니다. 언약의 매순간마다 율법은 힘있게 요동칩니다.

하지만 이런 율법의 항구성을 모르는 사람들은 율법을 지키는 삶을 무시합니다. 그리고 예수의 십자가 사역으로 율법이 완성된 지금은 자유의 시대라고 하며 자신을 방종과 타락의 나락으로 떨어뜨립니다. 그러나 이것은 틀렸습니다. 왜냐하면 언약과 율법은 항상 함께 가기 때문입니다. 오히려 신약시대인 지금이 구약보다 훨씬 엄격합니다. 하나님은 우리의 마음에서부터 율법 지키시길 원하기 때문입니다. 마태복음 5:21 이하에서 예수께서 다음과 같이 말씀하시면서 구약의 형제사랑의 계명을 선포하십니다.

> 옛 사람에게 말한바 살인하지 말라 누구든지 살인하면 심판을 받게 되리라 하였다는 것을 너희가 들었으나 …(마 5:21).

그러면서 곧장 새로운 율법을 다음과 같이 선포하시면서 구약보다 훨씬 강력한 마음의 범죄를 다루십니다.

> 나는 너희에게 이르노니 형제에게 노하는 자마다 심판을 받게 되고 형제에 대해 라가라 하는 자는 공회에 잡혀가게 되고 …(마 5:23).

신약은 엄격하게, 말하자면 자유의 시대가 아니라 율법을 마음으로 옮겨온 더욱 엄격한 '마음의 율법시대'라고 할 수 있습니다. 이렇듯 신약의 시대가 그리고 나아가 종말의 시대가 결코 율법이 없는 무아지경이나 황홀경의 시대가 아니라 오히려 율법의 본의를 더욱 명확히 드러내고 우리의 숨은 죄, 의도까지 감찰하시는 성령의 시대입니다.

따라서 우리는 웨스트민스터 신앙고백서 19.6을 따라서 신약의 시대를 구약의 율법의 본의를 드러낸 시대, 성령으로 말미암아 더욱 말씀에 천착(穿鑿)해야 하는 시대로 기억해야 합니다. 그리고 이것은 종말에는 더욱 강화되고 확장될 것입니다.

3. 언약과 율법의 절정

언약과 율법이 하나이므로, 그리고 언약이 항구하므로 우리는 결코 무법지대에 설 수 없습니다. 오히려 언약이 그리스도 안에서 절정을 맞게 되므로 우리는 율법의 정점에 서게 됩니다. 곧 그리스도의 새 언약은 언약의 정점이므로 우리 역시 참되게 율법을 지켜야 하는 정점에 서 있습니다.

구약의 율법은 주로 외적 형편을 기준으로 삼습니다. 간음하는 자, 형제에게 욕하는 자, 도둑질하는 자 등의 외적 행동을 기준으로 언약을 평가했습니다. 하지만 신약시대는 마음에 음욕을 품는 자, 형제를 마음으로 미워하는 자, 마음으로 도둑질한 자 등 율법이 마음에서 출발해야 함을 알려 줍니다. 마음을 출발점으로 삼는 것은 바로 그리스도로 인해 언약의 절정을 맞이했기 때문이요, 그 절정의 중보자이신 성령을 우리 마음 가운데 보내셨기 때문입니다.

성령 하나님은 원래 창세 전, 영원에서 영원까지 성부와 성자 간의 친밀한 사랑의 고리셨습니다. 누가복음 10:21에 예수께서 말씀하신 대로 성령으로 말미암아 성자는 기쁨으로 성부와 교제를 합니다.

> 그 때에 예수께서 성령으로 기뻐하시며 이르시되
> 천지의 주재이신 아버지여 …(눅 10:21).

곧 성령은 성부와 성자 간의 말할 수 없는 친밀한 교제(언약)의 핵심입니다. 그런데 그 언약의 핵심이신 성령 하나님이 그리스도의 십자가와 부활로 말미암아 우리에게 오셨습니다. 이것은 성자 예수께서 십자가와 부활의 궁극적인 목표인 하나님과 우리의 언약 관계를 회복하시고 중보자로 성령을 주셨기 때문입니다. 곧 구약은 그림자로서 예수를 예표하면서 하나님과의 관계를 회복시켰지만 신약시대는 그리스도의 십자가와 부활로 말미암아 본질적인 관계를 회복시켰습니다. 곧 성령 하나님을 보내심으로 참된 언약이 회복되었습니다.

성령의 보내심으로 회복케 된 언약은 무법과 황홀경이 아니라 성령께서 '예수의 말씀을 기억나게 하심'으로 예수의 말씀을 마음에서부터 지키는 자로 우리를 새롭게 태어나게 하십니다

> 보혜사 곧 아버지께서 내 이름으로 보내실 성령 그가 너희에게 모든 것을 가르치고 내가 너희에게 말한 모든 것을 생각나게 하리라(요 14:26).

말씀 지킴이 단지 외적인 행동이 아니라 마음에서부터 하나님의 율법을 지키는 '한 새 인류'(one new humanmity, 엡 2:15)를 탄생시킵니다. 이것은 언약 관계의 절정을 말해 주는 것인데, 삼위일체 하나님이 성령으로 서로 사랑한 것처럼 우리 역시도 성령으로 말미암아 진실한 마음으로 사랑하고 율법을 지킵니다. 따라서 우리는 율법을 성령으로 말미암아 마음에서부터 지켜야 하는 언약의 정점에 서 있습니다.

구약의 율법도 역시 본의 면에서 여전히 유효합니다. 형제를 욕하지 말라는 율법 가운데 형제 사랑이 녹아 있으며, 거짓말하지 말라는 율법에 이웃을 사랑이 녹아 있으며, 우상숭배하지 말라는 율법에 하나님만을 사랑해야 함이 녹아 있습니다. 그래서 신앙고백서 19.6은 다음과 같이 고백합니다.

> 참 신자들은 행위 언약으로서의 율법 아래 있지 않고 그 법에 의해 의로워지거나 심판을 받지 않는다 하더라도 이 법은 자기에게나 타인에게 크게 유익하다(19.6).

곧 성령께서 율법의 근본인 하나님과 이웃 사랑의 덕목을 명확하게 드러내시어 우리에게 지금도 여전히 요구하기 때문입니다. 이렇게 그리스도로

말미암는 언약 관계의 절정은 율법의 절정으로 이끕니다. 그리스도를 다시 살리신 성령께서(롬 1:4) 우리 마음에 그리스도의 법을 심어 주셨기 때문입니다(렘 31:33).

그럴 뿐 아니라 성령께서 마음에서 출발하는 율법을 능히 지킬 능력도 함께 주시어 우리로 하여금 즐거움으로 능히 지키게 하십니다. 바로 그리스도를 잉태케 하고 그를 성화하게 하시며 죽음에서 다시 살리신 능력의 성령이시기 때문입니다.

하나님의 법인 율법은 결코 희미해지거나 없어지지 않습니다. 왜냐하면 언약은 살아 있는 관계이기 때문입니다. 그리고 언약은 그리스도 안에서 절정을 맞이함으로 율법 역시 정점에서 힘있게 우리의 전인을 움직입니다. 이는 그리스도의 영이신 성령께서 우리 안에 내주하셔서 마음에서부터 그리고 기꺼이 즐겁게 율법을 지키게 하시기 때문입니다. 율법은 결코 무거운 멍에가 아닙니다.

율법은 하나님과의 살아 있는 관계입니다!

우리에게 율법을 주셔서 살아 있는 관계 안에서 교제케 하신 삼위일체 하나님을 찬양합니다. 아멘!

제15장

기독 신자의 자유와 양심의 자유
(웨신 20장)

"복음으로 자유를 주신
삼위일체 하나님을 찬양합니다!"

따뜻한 봄은 우리 마음 깊은 곳으로 들어옵니다. 그리고 그 따뜻한 온기가 여름의 무더움으로 바뀌게 될 것입니다. 변치 않고 만물을 섭리하시는 하나님을 보면서 구원의 견고함을 더욱 깊이 묵상합니다. 그리고 우리에게 견고한 약속의 말씀과 믿음을 주신 하나님께 더욱 찬송을 올려드립니다.

본 장에서 함께 공부할 교리는 웨스트민스터 신앙고백서 20장 "기독신자의 자유와 양심의 자유"입니다. 본 장은 지금까지 공부한 칭의, 성화, 율법 등과 달리 개인의 자유에 초점을 맞추고 있습니다. 이것은 개인주의를 말하는 것이 아니라 말씀이 효력 있게 작용하는 가장 작은 단위인 신자의 양심을 다루고 기 때문입니다.

양심은 아주 중요합니다. 왜냐하면 하나님은 신자의 양심을 최후의 보루로 삼아 복음과 교회를 지켜 내기 때문입니다. 종교개혁을 일으켰던 루터가 보름스 제국회의에서 오직 믿음의 신앙을 취소할 것을 요구받자, 그는 다음과 같이 양심의 자유를 선언하였습니다.

나의 양심(마음)은 오직 하나님의 말씀에만 지배를 받습니다!

이는 루터 개인의 양심을 지킬 뿐 아니라 복음을 지키고 교회를 지키는 출발점이 되었습니다. 이렇게 중요한 신자의 양심, 그리고 복음이 주는 자유와 양심의 자유에 대해 같이 배워 보도록 하겠습니다.

1. 생명의 좌소인 마음

하나님이 사람을 지으실 때 영혼과 육체를 함께 만드셨습니다. 그리고 영혼에 우리의 생명의 근원을 두셨습니다. 잠언 4:23은 다음과 같이 말씀합니다.

> 모든 지킬 만한 것 중에 더욱 네 마음을 지키라
> 생명의 근원이 이에서 남이니라(잠 4:23).

잠언 말씀에서 명확하게 알 수 있듯이 생명의 근원이 마음에서 남을 알 수 있습니다. 그런데 잠언을 4:23의 전반부에 보면 "모든 지킬 만한 것 중에 더욱 네 마음을 지키라"고 합니다. 이것은 마음이 생명의 좌소이긴 하지만 마음이 항상 화평의 상태가 아님을 알 수 있습니다. 마음은 전쟁터입니다. 하나님은 복음의 씨를 마음에 뿌려 주십니다. 그러나 사탄 역시도 마음에 뿌려진 씨를 자라지 못하게 하기 위해 마음을 전쟁터로 만듭니다. 따라서 마음은 생명의 좌소이긴 하지만 항상 전투가 있는 곳이며 그 전투에서 지키고 승리해야 할 곳입니다.

그럼 마음의 전투에서 우리는 어떻게 승리할 수 있을까요?
잠언 4장의 저자는 이에 대한 해법을 제시합니다.

> ²⁰ 내 아들아 내 말에 주의하며 내가 말하는 것에 네 귀를 기울이라 ²¹ 그것을 네 눈에서 떠나게 하지 말며 네 마음 속에 지키라 (잠 4:20-21).

잠언 저자가 마음을 지키는 방법, 마음이라는 전쟁터에서 생명을 지키는 방법을 말씀합니다. 바로 "내 말"입니다. 여기서 내 말은 아버지의 말이지만 궁극적으로 하나님의 말씀입니다. 곧 하나님의 말씀으로 마음을 지킬 수 있습니다.

그리고 하나님의 말씀으로 마음을 지키는 방법까지도 자세히 말씀합니다. "내 말을 주의하며, 귀를 기울이며, 네 눈에서 떠나게 하지 않게 하라"입니다. 이것은 일차적으로 마음을 말씀에 집중하라는 강조적 의미도 있지만 동시에 말씀을 가까이 두는 구체적인 방법을 지칭하기도 합니다. 곧 '주의하는 것,' '귀를 기울이는 것,' '눈을 떠나지 않는 것'은 말씀을 공급받는 것이 외부에 있음을 알려 줍니다. 곧 말씀은 사람의 내면에서 나오는 것이 아니라 바로 하나님의 계시임을 알려 줍니다(계시란 인간의 이성과 노력 등으로 도무지 알 수 없는 하나님이 친히 알려 주시는 진리입니다).

그리고 이 계시를 하나님은 교회와 강단 그리고 직분자에게 맡기셨습니다. 그래서 바울은 에베소 장로들에게 '훈계' 곧 자신의 말씀을 기억하고 이로부터 교회를 지키고 복음을 지키라고 말씀하였습니다.

> ³¹ 그러므로 여러분이 일깨어 내가 삼 년이나 밤낮 쉬지 않고 눈물로 각 사람을 훈계하던 것을 기억하라 ³² 지금 내가 여러분을 주와 및 그 은혜의 말씀에 부탁하노니 그 말씀이 여러분을 능히 든든히 세우사 거룩하게 하심을 입은 모든 자 가운데 기업이 있게 하시리라 (행 20:31-32).

지금 잠언 저자는 단지 아버지로서 아들에게 조언하는 정도가 아니라 교회의 직분자로서 교회의 성도인 아들에게 하나님의 말씀을 공급하고 있습니다. 사람이 마음을 지킬 수 있는 유일한 길이 있다면 하나님의 말씀을 교회 그리고 강단, 직분자를 통해서 공급받는 것입니다. 이렇게 말씀을 외부로부터 공급받을 때에 가장 치열한 전투 현장에서 마음을 지킬 수 있습니다. 마음에 심겨진 생명을 지킬 수 있습니다.

생명의 좌소인 마음을 지킬 수 있는 유일한 길은 바로 말씀을 공급받는 것입니다. 특히 하나님이 교회라는 말씀의 공급처를 저희에게 주시고 매주 직분자를 통해서 설교 그리고 심방을 통해서 여러분들의 생명을 지키고 있습니다.

따라서 우리의 생명을 연약한 인간의 의지나 시간이 지나면 회복되겠지 하는 안일한 생각에 맡겨 두지 마시고 교회에 의탁합시다.

이것이 바로 "하나님 중심, 성경 중심, 교회 중심"의 개혁파의 신앙입니다.

2. 마음(양심)의 자유

1) 마음을 억압하는 것들

생명의 좌소인 마음을 오직 하나님의 말씀으로만 지킬 수 있습니다. 그런데 사탄은 마음을 교묘하게 유린하여 마음에 심겨진 생명과 복음을 빼앗아 가려고 합니다. 곧 복음이 아닌 다른 것으로 마음을 억압합니다. 이를 웨스트민스터 신앙고백서 20.1에서 명확하게 고백합니다.

우리가 복음으로 자유하게 되었으나 여전히 하나님의 진노 아래 있다는 위협, 구원에 대한 불확실성, 종의 두려움으로 가득하게 합니다. 사탄은 복음이 주는 마음의 참된 자유를 빼앗아 가려고 합니다. 그리고 실제로 이런 사탄의 간계로 많은 사람들이 마음에 심겨진 생명에 위협을 느끼며 복음으로 획득된 자유가 아니라 종으로 살아가고 있습니다.

그렇다면 사탄의 이런 강력한 간계의 핵심은 무엇입니까?

사탄이 과연 무엇을 무기 삼아서 우리를 그렇게 쉽게 넘어뜨릴까요?

그것은 바로 신자의 행위입니다. 사탄은 이렇게 말합니다.

"하나님이 너에게 복음을 주신 것이 맞다. 그런데 너의 삶은 어떤가? 과연 그런 삶이 하나님의 복음에 합당한 삶인가? 하나님의 율법 모두를 지키고 있는가?"

이렇게 사탄은 신자의 행위로 신자의 마음을 공격합니다. 사탄의 주요 무기는 인간의 행위입니다. 다른 말로 '공로'라고 합니다. 사탄은 끊임없이 사람의 행위와 공로로 생명을 만들어 내어 자유를 얻으라고 합니다.

그러나 이러한 요구는 실현 불가능합니다. 왜냐하면 마음에 자유를 주고 생명을 주는 유일한 원천은 복음, 하나님의 말씀이기 때문입니다. 하나님의 은혜가 자유를 줍니다. 인간의 노력으로 생명을 얻거나 마음의 자유를 얻는 것은 불가능합니다. 사탄은 일평생 우리에게 행위와 노력을 강조하면서 우리가 오르지 못할 허상의 산을 만들고 우리의 피곤한 발에 족쇄를 채운 채 끊임없이 재촉합니다. 그리고 많은 사람은 허상의 산에 열심히 오르지만 결국 지옥의 음부로 내려가는 비참한 최후를 맞이합니다.

이런 비참한 예가 바로 종교개혁 시대의 루터에게서 잘 드러납니다. 루터는 교회가 요구하는 많은 율법을 겉으로는 철저히 지켰지만 마음 깊은 곳에서까지 지키지 못했습니다. 그래서 그는 이렇게 고백합니다.

> 나는 나 자신의 속상(대속)으로써 하나님을 기쁘시게 할 수 있을지를 확신할 수 없었다. 나는 의로우시고 죄인들을 징벌하시는 하나님을 사랑하지 않았으며 오히려 미워하였다. 침묵 속에서 나는 하나님을 모독을 한 것은 아니라 해도 이러한 하나님께 엄청난 원망과 분노를 갖게 되었다.

루터는 수많은 로마 가톨릭교회의 요구들을 마음 깊은 곳에서 지켰다고 확신할 수 없었습니다. 그래서 그의 마음은 항상 괴로웠고 심지어는 하나님을 신성모독에 가까울 정도로 미워했습니다. 곧 루터는 자신을 기준으로 삼았기에 자유가 아닌 억압을 경험할 수밖에 없었습니다. 하지만 사탄이 준 이 모든 억압을 루터는 복음으로 단번에 이겨냈습니다.

2) 복음이 주는 참된 자유

루터가 깨달은, 복음이 주는 자유는 무엇일까요?

> 복음에는 하나님의 의가 나타나서 믿음으로 믿음에 이르게 하나니 기록된 바 오직 의인은 믿음으로 말미암아 살리라 함과 같으니라(롬 1:17).

이 말씀에서 아주 중요한 것이 바로 '의'(righteousness)입니다. 성경에서 '의'라는 것은 보통 하나님과의 관계에서 발생하는 개념입니다. 하나님 앞에서 하나님의 말씀을 잘 지키는 것을 '의'라고 하고 그런 사람을 '의인'이라고 합니다. 그런데 문제는 그 어느 누구도 하나님의 말씀을 제대로 지킬 수 없습니다. 로마서 3:10에 다음과 같이 말씀합니다.

> 의인은 없나니 하나도 없으며(롬 3:10).

어떤 사람도 하나님 앞에서 율법을 가지고 의인으로 설 자가 없습니다. 바로 이것 때문에 루터가 괴로워했습니다. 하나님의 율법, 교회의 요구를 지키려고 해도 마음 깊은 곳에서 지키지 못하였고 이로 인해 극도의 고통을 느끼며 부르짖었고 마침내는 신성모독에 가깝게 하나님을 미워했습니다.
하지만 루터는 성경에서 말씀하는 '의'가 율법을 지키는 것이 아니라 '대속의 의'라는 것을 깨닫기 시작했습니다. 로마서 1:17에 '복음'에는 하나님의 의가 나타난다고 했습니다. 그런데 이 의를 율법을 지키는 의로 이해하면 절대 '복음'은 '좋은 소식'이 될 수 없습니다. 만일 그렇다면 복음은 가짜 뉴스입니다.

　복음이 좋은 소식이 되려면 우리가 율법을 지켜서 의롭게 되는 것이 아니라 누가 대신 하나님의 율법을 지키고 또 우리를 대신하여 율법의 진노를 받아 대속해야 합니다.

　대신 진노를 받아 대속해 줄 자는 누구입니까?

　그리스도입니다. 바울은 로마서 3:25에 하나님이 예수를 화목제물로 세우셔서 자신의 의로우심을 나타내셨다고 말씀합니다.

> 이 예수를 하나님이 그의 피로써 믿음으로 말미암아 화목제물로 세우셨으니 이는 하나님께서 길이 참으시는 중에 전에 지은 죄를 간과하심으로 자기의 의로우심을 나타내려 하심이니 (롬 3:25).

'의'란 궁극적으로 예수 그리스도의 대속에서 오고 이를 성령께서 우리에게 전가시켜 줍니다. 바로 루터는 이 놀라운 진리를 깨닫게 되어 그에게 복음은 말 그대로 좋은 소식이 되었습니다. 이 놀라운 복음을 깨닫자 루터는 즉시 열린 천국문에 들어갔으며, 성경 전체가 하나님의 율법과 진노로 가득 찬 책이 아니라 사랑과 자비의 책으로 새롭게 열리게 되었습니다. 죄인을 향한 그 뜨거운 환대가 성경에 가득함으로 깨닫게 되었습니다.

　이렇게 성경을 바르게, 복음을 바르게 깨달을 때 신자는 양심의 자유를 얻게 되고 그 어느 누구에게도 심지어 율법으로부터 억압받지 않습니다. 왜냐하면 복음이 우리를 가장 자유롭게 하였기 때문입니다. 이런 참된 자유를 깨달았을 때 루터는 생명을 위협하는 보름스 제국회의에서 "나의 양심(마음)은 오직 하나님의 말씀에만 지배를 받습니다!"라고 외칠 수 있었습니다.

복음이 주는 자유가 육체의 생명을 압도했습니다!

언약으로 자신을 우리에게 묶으신 성부 하나님!

'인자가 온 것은 섬김을 받으려 함이 아니라 도리어 섬기려 오셨다'고 말씀하신 성자 예수님!

우리 마음에 내주하셔서 스스로 사랑의 종이 되신 성령 하나님!

종이 되셔서 우리를 무한히 자유하게 하신 삼위일체 하나님만을 영원히 찬송합니다. 아멘!

제16장

종교적 예배와 안식일
(웨신 21장)

"모든 것을 품위 있고 질서 있게 세우신
삼위일체 하나님을 송영합니다!"

매년 맞는 여름은 항상 덥습니다. 더위는 단지 온도계의 숫자만이 아니라 우리의 마음으로 느끼는 하나님의 섭리입니다. 하나님의 섭리인 여름은 식상하지 않고 매년 무더위로 우리를 놀라게 하듯 하나님과의 언약적 교제인 예배는 매주 새롭고 신선하며, 놀라움과 은혜 자체입니다. 매주일, 평생을 아니 영원히 예배를 드릴 것이지만 신자들은 다음과 같이 새롭게 찬양을 올려드립니다.

> 할렐루야 새 노래로 여호와께 노래하며 성도의 모임 가운데에서 찬양할지어다(시 149:1).

왜냐하면 찬송의 대상인 하나님이 예배 가운데 말씀으로 자신의 새로움과 풍성함을 선포하시기 때문입니다. 하나님은 예배를 방편 삼아 자신을 선포하길 기뻐하십니다.

본 장에서는 삼위일체 하나님이 자신을 드러내시는 주요 방편인 예배를 알아보겠습니다. 웨스트민스터 신앙고백서 21장 "종교적 예배와 안식일"

을 통해 하나님이 예배를 그토록 소중하게 생각하시는 이유와 예배의 순서(예전)를 통해 모든 것을 품위 있고 질서 있게 세우신 하나님을 배우겠습니다.

1. 영원한 안식인 예배

하나님은 만물을 창조하시고 제7일째 안식하셨습니다. 여기서 안식은 쉽게 말하면 쉬신다는 것입니다.

그렇다면 제8일째는 하나님은 무엇을 하셨을까요?

주말을 보낸 노동자가 월요일에 다시 출근하듯 하나님은 마무리하지 못한 창조를 다시 하셨을까요?

그렇지 않습니다. 하나님은 "보시기에 심히 좋았더라"고 하시면서 완벽한 창조를 말씀하셨습니다.

그럼 제8일째부터 하나님이 하신 일은 무엇일까요?

이에 대한 답을 요한복음 5장의 예수 그리스도의 말씀에서 알 수 있습니다. 예수께서 안식일에 베데스다 못가의 병자를 고쳐준 것을 유대인이 비난하자, 예수께서 다음과 같이 말씀하셨습니다.

> 내 아버지께서 이제까지 일하시니 나도 일한다(요 5:17).

곧 하나님은 안식일에도 쉬지 않고 일하심을 알 수 있습니다. 참으로 하나님은 제7일째인 안식일 뿐 아니라 영원히 졸지 아니하시고 모든 날 우리를 위해 일하십니다.

> 이스라엘을 지키시는 이는 졸지도 아니하시고 주무시지도 아니하시리로다(시 121:4).

그렇다면 참 하나님이신 예수께서 안식일에 하신 일은 무엇입니까?

그것은 베데스다 못가의 38년 된 병자를 고친 것입니다. 병자를 고친 것은 긍휼이 풍성하신 예수께서 하시는 마땅한 일인데, 문제는 그 일을 안식일에 하셨다는 것입니다.

하루 전에 하거나 하루가 지난 후에 했다면 유대인들로 비난받지 않으셔도 될 텐데, 왜 예수께서는 굳이 안식일에 그 일을 하셨을까요?

그리고 병자도 38년이나 참아왔는데 하루 정도는 더 참아도 큰 문제가 없지 않았을까요?

그러나 예수께서 안식일에 의도적으로 병자를 고치셨습니다. 성경에는 예수께서 안식일에 일하시는 것은 여러 번 나타납니다(마 12:1; 막 3:1-6; 눅 13:10-17). 그 목적은 바로 안식일의 참 의미를 알려 주기 위함입니다. 예수께서 병자를 고쳐준 것은 단지 병을 고치기 위한 것이 아니라 끊어졌던 언약, 곧 예배를 회복시켜 주시기 위함입니다.

요한복음 5:14에 예수께서 38년 된 병자를 다시 만났는데, 바로 성전에서 만납니다. 이전에는 병자가 있던 곳은 양문 곁 베데스다 못가로서 성전 밖입니다. 병자는 구약 율법에 의하면 부정한 자이기 때문에 성전 안으로 들어가지 못한 것입니다. 하지만 예수께 고침을 받은 후에 병자는 이제 성전 안으로 들어올 수 있게 되었습니다. 이것은 단지 장소의 문제가 아니라 예배를 드리지 못하던 자가 이제 예배를 드릴 수 있는 자가 되었음을 의미합니다.

예수께서 안식일에 굳이 병자를 고치신 것은 단지 육적 치료를 하신 것이 아니라 깨어졌던 언약, 예배를 회복시키신 것입니다. 하나님은 자신의 언약 상대자인 우리와 교제하시는 것, 곧 우리는 예배드리고 하나님은 그 예배를 기쁘게 받으시는 일을 쉬지 않으십니다.

천지창조는 예배를 겨냥하고 제7일째부터 창조의 목표인 예배가 시작되었고 그 예배는 제7일째만 하는 것이 아니라 영원히 지속되었습니다.

제8, 9, 10, 11일째가 모두 예배의 날입니다. 예수께서 안식일에 베데스다 못가의 병자를 고쳐 주시면서 그에게 예배를 회복시켜 주셨습니다.

하나님이 모든 만물을 만들고 제7일째 피곤해서 혹은 일거리가 없어서 쉬신 것이 아니라 언약적 교제, 곧 예배 안에서 쉬셨습니다. 하나님은 예배를 위해 모든 것을 창조하시고 마침내 제7일째부터 예배 가운데 안식하십니다. 예수께서 내 아버지가 이제까지 일한다는 말씀은 성부 하나님이 자신의 백성과 예배를 통해 지속적으로 교제하심을 의미합니다. 성부 하나님은 제7일째부터 시작해서 제8일째도, 제9일째도, 제10일째도 그리고 영원히 사람과의 예배를 통해 교제하십니다. 그리고 이 예배와 교제를 성경은 안식이라고 말씀합니다(히 4:1-10). 바로 하나님과 사람의 참된 안식은 예배입니다.

우리가 매주 드리는 예배는 인간의 고안물이 아니라 삼위일체 하나님의 작정에서 기원한 천지창조의 목표입니다. 하나님은 우리를 예배 가운데 교제하기 위해 작정하시고 창조하시고 때가 차매 그리스도 안에서 우리를 부르셨습니다.

바로 예배는 인간 존재의 목적입니다!

그래서 신앙고백서 21.8에서도 안식일을 위해 "사람이 마음을 합당하게 준비할 것"이라고 고백합니다. 우리의 일생이 예배로 초점 모아져야 함을 고백합니다.

여러분들의 일상은 예배에 초점이 맞추어져 있습니까?

좋은 대학, 좋은 직장, 더 좋은 미래를 위해 주일 예배를 미루지 않습니까?

하나님을 모르는 사람들처럼 예배를 모른 채 자신만을 의지하면서 살아가고 있지 않습니까?

우리가 예수를 믿고 있다면, 갈증을 참지 않고 물을 마시는 것처럼 예배를 참지 마십시오. 삼위일체 하나님과의 교제를 참지 마십시오.

예배를 중심에 두는 삶은 '하나님 중심, 성경 중심, 교회 중심'의 삶입니다.

2. 예배에 질서를 주신 하나님

그렇다면, 하나님이 여신 예배를 우리는 어떻게 드려야 할까요?

주일에 빠지지 않고 성실히 참석하는 것일까요, 혹은 찬양과 기도를 통해 은혜를 받는 것일까요?

물론 일리가 있습니다. 하지만 바른 예배의 기준은 하나님입니다. 곧 하나님이 예배를 여실 뿐 아니라 순서까지도 정해 주셨다는 것을 기억해야 합니다.

사도 바울이 고린도전서 14:40에서 다음과 같이 말씀합니다

> 모든 것을 품위 있게 하고 질서 있게 하라(고전 14:40).

고린도전서 14:26을 보면 예배 시에 행하는 "모든 것"으로 예배를 드릴 때, 무질서하게 드리는 것이 아니라 일정한 순서, 곧 예전(liturgy)이 있음을 알 수 있습니다.

> 그런즉 형제들아 어찌할까 너희가 모일 때에 각각 찬송시도 있으며 가르치는 말씀도 있으며 …(고전 14:26).

"모일 때"는 사적 모임이 아니라 예배라는 공적모임이고, "찬송시"는 예배 때 찬송이며, "가르치는 말씀"은 예배 가운데 설교입니다. 곧 사도 바울이 예배를 진행할 때 사람의 맘대로 하지 말고 품위 있게, 질서 있게 하라고 말씀합니다. '품위와 질서'는 하나님이 주신 말씀에 따라 "알맞으며 순서 있게 하라"(a fitting and orderly way, NIV)는 말씀입니다. 곧 하나님이 성경을 통해 말씀하신 품위와 질서입니다.

고린도교회는 수많은 은사로 가득한 교회였는데, 그 은사를 무질서하게

남용하여 예배 가운데 방언으로 다른 사람의 예배를 방해하고(고전 14:27), 예언을 받은 자들이 무분별하게 예언하여 무질서한 예배의 극치를 이룹니다(고전 14:32). 이런 무질서한 예배 가운데 사도 바울은 다음과 같이 권면합니다.

> 하나님은 무질서의 하나님이 아니시오 오직 화평의 하나님이시라(고전 14:33).

그리고 재차 "모든 것을 품위 있게 하고 질서 있게 하라"(고전 14:40)고 말씀합니다. 곧 사도 바울은 예배의 무질서를 꾸짖는데, 여기서 무질서는 단지 예배의 어수선함이 아니라 사람들이 원하는, 사람 중심의 예배를 꾸짖는 것입니다.

그리고 하나님이 원하는 예배, 즉 하나님의 질서대로 예배 순서를 정할 것을 말씀합니다. 사람 중심의 예배가 아니라 하나님 중심의 예배로 옮겨 갈 것을 말씀합니다. 사람 중심의 예배는 하나님이 소외된 채 사람의 즐거움을 목표로 삼는 예배입니다. 대표적으로 로마 가톨릭교회의 "은혜주의"입니다. 은혜만 되면 뭐든지 교회 안에, 예배 안에 들어올 수 있다는 것입니다. 로마 가톨릭교회의 멋진 성가대, 화려한 음악, 수많은 성상, 무분별한 절기들, 성직자의 화려한 복장 등은 모두 그럴듯하고 소위 은혜를 복돋우는 것처럼 보이지만 이것들은 성경에서 나온 것이 아니라 사람들의 종교심을 고취시키는 일종의 "은혜주의"입니다.

로마 가톨릭교회에겐 개척교회란 없습니다. 예배당이 종교심을 고취시키는 가장 강력한 무기이기 때문에 처음부터 멋진 예배당을 마련합니다. 예배당 안에 인간의 종교적 심성을 고양하기 위해 성상과 스테인드 글라스(교회당 유리를 성화 등으로 화려하게 꾸미는 것) 등으로 눈을 자극하고, 오르간과 뛰어난 음악으로 귀를 자극하며, 성직자의 경건한 복장과 행동 등을 통해 성도들의 종교적 감정만을 고양시킵니다.

하지만 진정 있어야 하나님의 말씀은 없습니다. 이런 모든 것은 말씀 중심이 아니라 사람 중심입니다. 로마 가톨릭교회는 멋진 예배당, 화려하고 웅장한 음악, 뛰어난 종교적 행사 등을 가졌지만 "모든 것을 품위 있게 하고 질서 있게 하라"는 말씀 앞에 회개해야 합니다.

이 점에서 저는 한국교회도 스스로를 돌아보는 냉정함을 가져야 한다고 생각합니다. 특히 초기 한국의 장로교회는 사람을 만족케 하는 은혜주의로 점철된 교회가 아니라 모든 것에서 품위 있게 그리고 질서를 갖춘 개혁주의 교회였습니다. 다른 어떤 교회보다 품위와 질서를 예배를 통해 시위했습니다. 그리고 그 질서 안에서 이제까지 힘있게 자랐습니다. 하지만 요즘 유명강사들의 강연, 간증, 음악회로 범벅이 된 교회를 보면서 참으로 안타까움을 느낍니다. 참된 개혁주의 교회는 말씀과 신앙고백과 교회 질서를 따르는 예배, 그리고 그 예배 순서 하나하나를 통해 하나님과의 언약적 교제를 맛보는 교회입니다.

예배의 모든 것을 품위 있고 질서 있게 만들어 주신 하나님을 깊이 생각합시다.

우리가 원하는 예배가 아니라 하나님이 원하는 하나님 중심의 예배를 드립시다.

음악이 단조롭고, 설교가 지루하게 들릴지 모르지만, 예배 가운데 진실한 하나님의 말씀이 선포되고, 세례를 통해 하나님의 구속이 시위되고, 성찬 가운데 성도의 교제가 확인되는 교회라면 질서 있고 품위 있는 교회입니다.

우리가 섬기는 모든 교회가 품위 있고 질서 있는 교회가 되길 간절히 바랍니다. 그리하여 우리 모든 교회가 참으로 하나님이 기뻐받으시는 예배로 가득한 교회가 되길 소망합니다.

예배의 모든 것을 품위 있고 질서 있게 세우신 하나님, 그 질서 가운데 진정한 언약적 교제를 하시고, 이를 기뻐하시는 하나님, 그 하나님을 영원히 송영합니다. 아멘!

제 17장

국가 공직자
(웨신 23장)

"협력하여 선을 이루시는
삼위일체 하나님을 송영합니다!"

우리의 가장 일상적인 일 가운데 하나가 정치입니다. 바른 정치는 국민을 풍요롭게 하지만 이기적 정치는 국민을 빈곤하게 합니다. 그래서 매번 선거가 있는 해에는 그 무엇보다 정치로 뜨거운 한 해를 보냈습니다. 특히 대통령, 국회의원, 시장 등, 국가 공직자에 대한 국민의 관심이 높습니다.

이런 국가 공직자에 대해 우리는 어떤 태도를 가져야 합니까?

성경은 이들에게 어떤 자세를 가지라고 말씀합니까?

웨스트민스터 신앙고백서 23장의 "국가 공직자"에 대한 고백을 통해 이런 궁금증을 풀어 가겠습니다.

1. 하나님이 세우신 국가 공직자

여러분, 대통령을 누가 뽑는다고 생각합니까?

대부분의 사람들이 국민이 투표로 뽑는다고 생각합니다. 민주주의의 선거체제에 익숙하신 사람이라면 신자든 불신자든 이것에 동의할 것입니다.

하지만 놀랍게도 웨스트민스터 신앙고백서 23.1는 대통령을 비롯한 국가 공직자를 하나님이 세우신다고 고백합니다.

> 온 세계의 대주재시요, 왕이신 하나님은 자기의 영광과 공공의 선을 위하여 국가 공직자를 … 세우셨으며(23.1).

이는 성경에 기초한 것인데, 로마서 13:1는 다음과 같이 말씀합니다.

> 각 사람은 위에 있는 권세들에게 복종하라 권세는 하나님으로부터 나지 않음이 없나니 모든 권세는 다 하나님께서 정하신 바라(롬 13:1).

위에 있는 권세, 곧 국가 공직자는 하나님이 세우십니다.

국가 공직자를 하나님이 세우셨다는 것은 하나님의 주권이 단 1인치도 미치지 않는 곳이 없음을 알려 줍니다. 곧 하나님은 '온 세계의 대주재'로서 자신이 만드신 모든 것을 친히 통치하십니다. 하나님이 아담과 하와를 만드시고 그를 에덴 동산에 두시며 '그것을 경작하라'고 말씀합니다.

> 여호와 하나님이 그 사람을 이끌어 에덴 동산에 두어 그것을 경작하며 지키게 하시고(창 2:15).

여기서 '경작'이란 '일하라'는 것이고 대상은 '그것'입니다. 아담과 하와가 일해야 할 '그것'은 에덴 동산과 창세기 2:10-14에 나오는 네 강입니다. 특히 네 강은 단순한 물줄기가 아니라 강을 따라가면 희귀한 금과 보석들이 많은데, 이것은 인간이 개발해야 할 것, 경작해야 할 것이 있음을 알려 줍니다. 아담과 하와는 단지 신앙만을 위해서 지음 받은 존재가 아니라 바로 그들이 해야 할 일상의 일이 있음을 알 수 있습니다. 곧 아담과 하와는 에덴 동산에서 이미 있는 열매만을 먹고 지내는 신선놀음을 한 것이 아니라 에덴 동산을 더욱 풍요롭게 하여야 하며, 네 강을 더욱 개발하여 자신의 삶을 더욱 풍성하게 하여야 합니다.

이는 우리에게도 마찬가지입니다. 교회뿐만 아니라 교회 밖의 삶 역시도 하나님의 명령을 따라 경작해야 할 대상입니다. 하나님은 우리를 전 영역으로 부르셨습니다.

이런 일상의 일을 함에 있어서 하나님은 아담에게 권위를 부여하시고 그 일을 맡기셨습니다. 경작을 할 때 누군가는 일에 대해서 계획을 세우고 그 일을 지도해야 하고 누군가는 지도를 받아야 합니다. 곧 아담은 그 일을 지도하는 위치에 있었고 하와는 지도를 받았습니다.

이것은 선악과 열매에 대한 명령에서 알 수 있습니다. 선악과 명령을 하나님은 하와가 창조되기 전에 아담에게 주시고(창 2:16-17), 아담으로 하여금 하와에게 선악과 금지 명령을 가르치며 지도하게 하셨습니다. 이것은 신앙에 관계된 일이기도 하지만 아담과 하와의 위치를 볼 때 일상에까지 확대되어, 아담은 경작을 지도하고 하와는 지도받는 위치에 있었습니다. 물론 이것은 지금의 상하관계가 아닌 훨씬 친밀한 관계에서 이루어지는 권면과 순종입니다. 창조에서 시작된 경작에서의 권면과 순종은 점점 확대됩니다. 사람이 많아지고 지역이 확대되면서 권면과 순종이 확대됩니다. 그리고 이것은 나중에 '정치'라는 이름으로 불리게 됩니다.

노아는 다스리는 자였고, 가족들은 노아의 다스림을 받았습니다. 아브라함은 조카 롯이 잡혔다는 이야기를 듣고 집에서 길리고 훈련된 자 318명을 이끌고 롯을 구합니다(창 14:14). '길리고 훈련된 자'라는 표현에서 이미 족장 시대부터 정치가 있었음을 알 수 있었습니다. 이런 정치는 이후에 이스라엘이 국가를 이루면서 본격화되고 동시에 모든 인류가 신자나 불신자나 상관없이 정치를 통해 국가와 사회를 이루고, 다스리는 자와 다스림을 받는 자가 생겼습니다. 웨스트민스터 신앙고백서의 표현대로 국가 공직자와 백성이 생기게 되었습니다. 따라서 국가 공직자는 사람이 투표로 세우거나 인간사의 효율을 위해 어쩔 수 없는 필요악이 아니라 하나님이 친히 세우신 사람임을 고백해야 합니다.

그렇다면 우리는 국가 공직자에게 어떤 자세를 취해야 할까요?
바로 웨스트민스터 신앙고백서 23.4에서 고백한 대로 해야 합니다.

> 그들을 존경하고 … 합법적인 명령에 순종하며, 양심상 그들의 권위에 복종해야 합니다(23.4).

왜냐하면 그 권세가 사람에게서 나온 것이 아니라 하나님에게서 나왔기 때문입니다. 하나님이 그들을 우리 위에 세우셨습니다(23.1). 그리고 그들에게 순종하는 양심도 주시므로 기꺼이 순종할 수 있게 하셨습니다.

따라서 우리는 세상의 사람들과 같이 국가 공직자에 대해서 우리가 선거로 뽑았다는 가벼운 생각을 하면 안 되며 말과 행동에서 그들을 존중해야 합니다. 그들의 권세는 하나님에게서 왔기 때문에 합법적이지 않은 방법과 이유로 그들을 대적하는 것은 하나님을 대적하는 것입니다.

우리나라의 많은 사람들이 풍자라는 이름으로 국가 공직자들에 대해서 입에 담긴 힘든 말을 쏟아냈는데, 성경을 믿고 고백하는 참된 신자는 절대 그런 말뿐 아니라 생각까지 싹트지 않도록 우리 마음을 성경과 고백에 단단히 고정해야 합니다. 명백한 잘못이 밝혀지기까지 하나님이 주신 권위를 생각하며 마땅히 인내해야 합니다.

2. 협력하여 선을 이루는 구속 역사

그렇다면 하나님이 왜 이런 국가 공직자를 세우셨을까요?

그것은 국가 공직자를 통해 하나님은 구속 역사를 이끌어가기 때문입니다. 디모데전서 2:1-2은 다음과 같이 말씀합니다.

> [1] … 모든 사람을 위하여 간구와 기도와 도고와 감사를 하되 [2] 임금들과 높은 지위에 있는 모든 사람을 위하여 하라 이는 우리가 모든 경건과 단정함으로 고요하고 평안한 생활을 하려 함이라(딤전 2:1-2).

사도 바울은 국가 공직자를 위해서 기도하라고 말씀합니다. 그 이유는 신자의 평안한 생활을 위해서입니다. 여기서 평안한 생활이란 신자의 일상생활을 포함하지만 핵심은 교회를 중심으로 한 경건생활입니다. 국가 공직자를 위해 기도하는 것은 신자의 경건한 생활을 위해서입니다. 곧 성경에 국가 공직자를 위해서 기도하라는 많은 구절이 있는데 한결같은 특징은 그들의 권세는 하나님께로부터 왔다는 것과 그들에게 순종하고 그들을 위해 기도함으로써 평안한 생활을 유지하라는 것입니다(렘 29:7; 스 6:10; 마 22:15-22; 눅 20:19-26; 롬 13:1; 딛 3:1; 벧전 2:13-14).

여기서 말씀하는 신자의 평안한 생활은 일상의 복지를 넘어선 하나님이 이끄시는 구속사와 밀접한 연관이 있습니다. 구속사란 하나님이 죄인들을 회개케 하는 역사(history), 곧 구원의 역사를 말합니다. 하나님의 구속 역사는 인간 타락 직후부터 예수 그리스도가 다시 오실 때까지 진행됩니다.

그런데 이 구속사는 세속사를 모두 포함합니다. 엄밀히 말해서 한국사, 서양사, 미국사 등의 세속사는 하나님의 구속 역사 안에 있는 것이지 별도로 존재하지 않습니다. 하나님이 온 세상을 만드시고 모든 만물을 통치하신다면 한국의 역사도 하나님의 손 안에 있습니다. 하나님이 두 개의 역사를 이끄시는 것이 아니라 한 역사, 곧 구속사만을 이끄십니다. 다만 불신자들은 하나님을 믿지 않기에 그들의 관점에서 세속사라 말할 뿐입니다. 결코 기독교인에게 세속사란 있을 수 없습니다.

한 분 하나님께서 하나의 역사, 구속사를 이끌어 가십니다. 그리고 그 구속사의 중심은 신자의 구원입니다. 하나님은 단 하나의 구속사를 통해 자신의 백성을 불러 모으시고, 그 백성을 하나님의 사람으로 자라게 하십니다. 구속사는 시간의 흐름이 아니라 하나님의 구원 역사이고 이것을 위해 하나님은 잘 맞추어진 조각처럼 모든 만물을 완벽하게 이끌어가십니다.

그럼 이 구속사 가운데 국가의 공직자는 어떤 역할을 합니까?

디모데전서에서 말씀한 대로 평안한 생활을 우리에게 제공합니다. 평안한 생활이란 위에서 말한 대로 신자의 경건생활입니다. 곧 국가 공직자로 인해서 신자는 경건생활을 할 수 있습니다.

그런데 국가 공직자를 통해서 얻게 되는 경건생활은 직접적인 것이 아니라 간접적인 것입니다. 곧 국가 공직자가 교회나 신자에게 다른 종교보다 더 많은 혜택을 주는 것이 아니라 국가 공직자가 해야 하는 기본적인 치안, 경제, 법질서 등을 확립함으로 기독교인은 그 안에서 신앙생활을 평안히 할 수 있는 간접적 혜택을 받습니다. 예를 들면 지금 나라에 전쟁이 일어나고 경제가 파산되면 신자는 경제적, 정신적 고통을 받는 것을 넘어서 신앙생활에 커다란 영향을 받아 주일 예배를 드릴 수 없는 큰 고통에 빠질 수도 있습니다. 이렇듯 신자가 국가 공직자를 통해 평안한 생활이라는 유익을 누리는데, 이것은 바로 우리의 신앙과 연결되어 있습니다.

바로 이것이 하나님이 구속 역사를 이끌어 가시는 방식입니다. 하나님은 교회를 통해서 복음을 전파하게 하시고 그로 인해 신자들을 직접적으로 죄에서 회개시키지만, 신자의 생활을 교회에만 머물러 두지 않고 일상생활까지 확대하여 일상의 모든 것이 하나님의 선한 통치 아래 두십니다. 하나님은 특히 국가 공직자나 직장의 상사, 혹은 학교의 선생님을 통해 자신의 통치를 간접적으로 보이시고, 우리는 그 통치에 마땅한 순종을 하며 동시에 그로 인해 평안한 생활을 누립니다. 그래서 성경은 한결같이 국가 공직자를 위해 기도하라고 말씀합니다.

그러나 한 가지 주의할 것이 있습니다. 이런 국가 공직자가 직접적으로 교회나 신자의 신앙에 개입하는 것은 경계해야 합니다. 웨스트민스터 신앙고백서 23.3은 다음과 같이 고백합니다.

> 국가 공직자들은 말씀과 성례의 집례나 천국의 열쇠권을 전유(독점)하거나 믿음의 사안에 조금이라도 개입하여서는 안 된다(23.3).

이것은 종교개혁 당시에 왕 같은 공직자가 목사를 임명하거나 교회의 권징을 결정하는 것을 말하는데, 이들은 교회를 직접 다스리려고 했습니다. 하지만 개혁주의 교회는 국가와 교회는 다른 영역이라는 것을 명확히 천명하고 서로에 대해서 간접적으로 영향을 끼칠 뿐이지 직접적인 관계는 아니라고 선언했습니다.

그렇기 때문에 국가 공직자가 신앙의 직접적인 부분을 요구할 때 우리는 그 부분에 대해서 마땅히 거부해야 합니다. 예를 들면 학교의 선생님이 공부를 이유로 교회에 가는 것을 금할 때 그것에 대해서 순종할 수 없습니다. 선생님은 우리의 학업과 생활을 지도할 뿐이지 신앙을 지도하시는 분이 아니기 때문입니다.

따라서 신자는 하나님이 구속사를 국가나 학교를 통해서 간접적으로 이끌어가지만 교회를 통해서는 가장 직접적으로 이끌어 간다는 것을 잊지 말아야 합니다. 국가나 학교는 신자의 평안한 생활을 유지하기 위한 구속사의 한 부분이지 전부가 아님을 잊지 말아야 합니다. 이렇게 하나님은 구속 역사를 직접적으로는 교회를 통해, 간접적으로는 국가, 학교 등을 통해 이끌어 가십니다. 이것은 모든 것이 협력해서 우리의 구원을 이루려는 하나님의 은혜입니다. 하나님의 손길이 미치지 않는 곳이 단 한 군데도 없습니다.

우리의 구원을 위해 방임의 공간을 조금도 남겨 두지 않으시는 삼위일체 하나님을 영원히 송영합니다. 아멘!

제18장

결혼과 이혼
(웨신 24장)

"혼인(결혼)을 통해 천상의 노래를
입에 담아 주신 하나님을 찬송합니다!"

하나님이 만드신 가장 아름다운 것이 있다면 바로 남녀의 혼인일 것입니다. 사람들은 아름다운 혼인을 통해 행복의 절정을 맛보고 부부로 교제하는 기쁨을 누립니다. 또한 미혼인 젊은 남녀는 혼인의 아름다움을 꿈꾸며 교제하기도 합니다. 이렇게 혼인은 우리의 마음을 온통 연분홍빛으로 물들이는 마법과도 같은 신비입니다.

하나님이 말씀하시는 아름다운 연분홍빛 혼인에 대해서 웨스트민스터 신앙고백서 24장을 통해 배워 보겠습니다.

1. 혼인(결혼) - 한 고백 안에 있는 성도의 교제의 극치

혼인(결혼)은 멋진 드라마, 소설 그리고 감성을 움직이는 시에서 나오는 낭만 그 이상의 것입니다. 혼인은 창조 전에 작정된 하나님의 멋진 작품입니다. 칼빈 선생님이 교회의 기초는 작정에 있다고 말했는데, 아담과 여자가 부부이지만 동시에 교회라는 사실을 명심한다면 혼인(결혼)도 작정에서 출발합니다.

혼인이 작정에서 출발한다는 것은 혼인의 기준이 하나님임을 말씀합니다. 창세기 2:18에서 "돕는 베필"이라는 말로 혼인에 대한 말씀이 처음 등장합니다. "돕는 베필"이라는 말은 배우자를 뜻하는데, 이는 창세기 2:17-18의 아담 언약 이후 곧바로 등장합니다. 아담 언약은 일명 선악과 명령으로 알려져 있는데, 동산의 나무의 열매는 임의로 먹을 수 있지만 선악을 알게 하는 나무의 열매는 먹지 말라는 것입니다. 아담 언약을 잘 지키면 화평의 하나님을 볼 것이요, 그렇지 않을 시에는 진노의 하나님을 볼 것입니다.

그런데 이렇게 중요한 아담 언약을 하나님은 여자가 창조되기 전, 곧 아담에게만 선포하십니다(창 2:20-23). 하나님은 아담 언약을 돕는 베필인 여자를 만들기 전, 아담에게만 먼저 선포하시고 여자는 아담을 통해서 듣게 하셨습니다.

왜 하나님이 여자를 창조하신 이후에 아담과 여자에게 함께 아담 언약을 주시지 않고 여자는 아담을 통해 듣게 하셨을까요?

그것은 여자가 아담 언약을 아담을 통해 배움으로써 여자의 고백과 아담의 고백이 하나 되기 위함이었습니다. 하나님은 남녀를 다 만들고 그들에게 동시에 아담 언약을 선포할 수도 있었습니다. 그러나 아담을 통해 여자를 가르치게 한 것은 남녀의 직분적 위치도 있지만 동시에 남자의 고백이 여자의 고백이 되고, 여자의 고백이 남자의 고백이 되게 함으로써 부부 사이에 참된 연합은 한 고백에서 나옴을 가르치기 위해서입니다. 바로 혼인과 부부의 기초는 사랑보다 한 고백 안에서 한 하나님을 섬기는 것입니다.

이것은 웨스트민스터 신앙고백서에서도 고스란히 나타납니다. 웨스트민스터 신앙고백서 24.3은 다음과 같이 고백합니다.

> 기독신자는 의무적으로 오직 주님 안에서 결혼하여야 한다(24.3).

그리고 주님 안에서 혼인하는 것이 무엇인지를 설명합니다.

> 개혁신앙을 고백하는 자들은 불신자, 로마교 신자나 여타 우상숭배자와 혼인을 할 수 없다(24.3).

부정적인 방식으로 불신자, 로마교 신자, 우상숭배자와는 혼인할 수 없다고 고백하고, 적극적인 방식으로 "개혁신앙을 고백하는 자"라고 말함으로 개혁신앙을 고백하는 자는 개혁신앙을 고백하는 자와 혼인할 수 있음을 고백합니다. 웨스트민스터 신앙고백서에 유일하게 개혁신앙이라는 말이 여기서 등장하는데, 이것은 개혁신앙이 혼인을 위한 아주 중요한 요건임을 알려 줍니다.

이렇게 한 고백이 중요한 이유는 바로 혼인은 낭만으로 가득한 드라마가 아니라 죄와 싸우는 구체적인 현장이기 때문입니다. 물론 혼인은 사랑을 전제로 합니다. 하지만 그 사랑은 부부간의 갈등에서 그리 큰 역할을 하지 못합니다. 물론 인내하고 참을 수 있지만 어떤 문제 앞에서 답을 내리기는 쉽지 않습니다.

만약 주일성수에 대해서 아버지와 어머니 사이에 갈등이 생긴다면 단지 사랑으로 넘어갈 문제가 아니라 명확하게 하나님의 뜻을 묻고 답을 찾아야 합니다. 아버지와 어머니의 같은 고백이 필요합니다. 곧 주일성수가 아닌 공부를 주장하는 쪽이 자신의 죄악을 깨닫고 주일을 지키려는 쪽을 지지함으로 한 고백으로 답을 얻어야 합니다. 바로 이것이 부부에게 한 고백이 필요한 이유이고, 아담을 통해 여자에게 아담 언약을 가르친 하나님의 뜻이기도 합니다.

혼인은 참으로 낭만적이고 아름다운 것입니다. 하지만 그 낭만과 사랑이 한 고백, 개혁주의 신앙의 일치 가운데서 이루어지지 않는다면 부부생활은 어떤 철학자가 말했듯이 자녀를 키우면서, 여러 어려움을 헤쳐 나아가는 일종의 남녀의 우정에 불과합니다. 하지만 개혁주의 신앙을 함께 고백한다면 "이는 내 살 중의 살이요, 뼈 중의 뼈라"는 사랑과 고백의 노래를 부를 수 있을 것입니다. 그래서 시편 128:3은 다음과 같이 아름다운 가정을 그리고 있습니다.

> 네 집 안방에 있는 아내는 결실한 포도나무 같으며
> 네 식탁에 둘러앉은 자식들은 어린 감람나무 같으리로다(시 128:3).

가정의 복은 128:1의 말씀대로 부부가 함께 여호와를 경외하며 한 고백으로 그 길을 같이 걸어감으로 받습니다.

> 여호와를 경외하며 그의 길을 걷는 자마다 복이 있도다(시 128:1).

부부는 같은 고백 아래 있는 성도의 교제의 극치입니다. 결혼의 중심은 감정을 움직이는 사랑이 아닌 전 인격을 움직이는 신앙이기에 성도는 성도와만 혼인할 수 있습니다.

한 교회 안에, 개혁주의 신앙 아래 있는 성도가 사랑할 수 있고 부부로 설 수 있으며, 그들을 통해 참다운 교회건설을 이룰 수 있습니다!

2. 혼인(결혼)의 목적 - 한 고백으로 죄를 이김

개혁주의 신앙이라는 한 고백에서 혼인이 이루어진다면, 이제 혼인의 목적도 배워 봅시다.

창세기 2장에서 하나님이 아담과 여자를 한 고백 아래 부부로서 짝지어 주신 후에 곧장 부부가 창세기 3장에서 사탄의 유혹을 만납니다. 죄를 이겨야 합니다. 사탄은 창세기 3:1에서 여자에게 다음과 같이 유혹합니다.

> 하나님이 참으로 동산 모든 나무의 열매를 먹지 말라 하시더냐(창 3:1).

그것도 여자를 유혹합니다. 사탄이 충분히 남자에게 접근해서 유혹할 수 있지만 여자에게 접근한 것은 부부의 고백을 깨뜨리기 위해서입니다. 여자가 사탄의 유혹에 넘어간다면 죄를 짓는 것은 물론 부부로서 한 고백을 깨뜨리는 것이며 이것은 부부 관계 자체를 어렵게 하는 아주 중대한 문제입니다.

사탄의 중대한 유혹 앞에 여자와 아담은 죄를 지으므로 하나님과의 언약이 파기되고 부부의 언약도 파기되었습니다. 그래서 하나님을 두려워 동산 나무 사이에 숨을 때, "내가 벗었으므로 두려워하였다"(창 3:10)고 말했으며, 부부 사이에서도 "눈이 밝아져 자기들이 벗은 줄을 알고"(창 3:7)라고 말씀합니다. 하나님과 사람 사이의 간격, 부부 사이의 간격을 '벗음'으로 말씀합니다. 이것은 하나님과 사람 사이의 언약이 파기되고, 부부 사이의 언약이 파기되었음을 말씀합니다.

하지만, 참 감사한 것은 하나님께서 고백을 깨뜨린 부부에게 다시 창세기 3:15의 원복음으로 알려진 "여자의 후손"을 약속하시므로 부부관계를 다시 회복시키십니다.

이에 아담은 여자의 이름을 "하와"(창 3:20)로 개명함으로써 하나님께 화답합니다. 곧 하와란 '생명'이라는 뜻인데, 하나님께서 허락하신 여자의 후손을 통해 생명 얻음을 소망하는 고백입니다. 바로 '아담과 여자'는 타락으로 부부관계가 깨졌지만, 하나님의 복음으로 인한 약속과 한 고백을 중심으로 '아담과 하와'라는 새로운 부부로 태어나게 됩니다. 새롭게 태어난 부부는 복음을 따라 여자의 후손을 그 태 속에 잉태하게 되며, 가인이라는 막강한 사탄의 공격 앞에 굴하지 않고 드디어 여호와의 이름을 함께 부르는 첫 예배를 드리게 됩니다(창 4:25-26).

이렇듯 한 고백 안에 있는 부부가 해야 될 가장 중요한 것은 한 고백 안에 굳건히 서는 것인데, 구체적으로 말하자면 죄를 이김입니다. 부부가 함께 산다는 것은 구체적인 죄의 현장에서 한 고백으로 죄를 이기는 것입니다. 재정에 대한 문제, 자녀 양육에 대한 문제, 직장에 대한 문제 등에서 한 고백을 해야 합니다. 그래서 웨스트민스터 신앙고백서 24.2에 혼인의 목적에 대해서 다음과 같이 고백합니다.

> 결혼은 남편과 아내가 서로 도우며, 적법한 자녀를 통하여 인류를 증가시키고, 거룩한 자손을 통하여 교회를 왕성하게 하기 위해, 그리고 부정을 막기 위해 제정되었다(24.2).

부부가 서로 돕는다는 것은 한 고백으로 모든 일을 서로 돕는 것입니다. 자녀를 낳아 인류를 증가시키고 교회를 왕성하게 한다는 것은 자녀를 생산할 뿐만 아니라 같은 고백으로 자녀를 양육하여 교회를 왕성하게 하는 것이며, 또한 부부만의 성관계를 통해 성적인 죄를 범하지 않음을 의미합니다. 부부로 서가는 목적은 한 고백 안에 죄를 이김입니다.

부부는 가벼운 만남이 아닙니다. 혼인은 신앙고백의 문제이고 이것은 성경에서 계시한 하나님을 깊이 사랑하느냐의 문제입니다. 그렇기 때문에 우리는 배우자를 절대 가볍게 찾거나 만나서는 안 됩니다. 동시에 연애도 가벼운 것이 되어서는 안 됩니다. 상대방의 고백을 입으로만 확인하는 것이 아니라 시간을 두고 삶에서 직접 확인하고 확신해야 합니다. 말보다 실천입니다. 몸의 말은 진실합니다.

연애와 혼인은 사람들의 가장 큰 관심사 가운데 하나지만 그 이면에 있는, 진짜 주인공이신 하나님과 동일한 고백에 더욱 관심을 기울입시다!

그럴 때 우리는 다음과 같은 멋진 천상의 노래를 이 땅에서 부를 수 있습니다.

나의 어여쁜 자여 일어나 함께 가자!(아2:10)

혼인(결혼)을 통해 우리의 입에 천상의 노래를 담아 주신 하나님을 영원히 찬송합니다. 아멘!

제19장

교회
(웨신 25장)

"자신의 교회를 부지런히 목양하시는
예수 그리스도를 찬양합니다!"

한 고대 교부는 교회를 다음과 같이 정의했습니다.

> 교회를 어머니로 모시지 못하는 사람은
> 하나님을 아버지로 모시지 못한다.

교회는 신자의 어머니입니다. 성부 하나님은 자신의 자녀를 교회에서 낳고, 성자 예수께서는 교회를 위해 피를 흘리셨으며, 성령 하나님은 교회에서 사역하십니다. 삼위일체 하나님이 교회를 통해 우리를 낳고 기르시고 세워 가십니다.

본 장에서는 웨스트민스터 신앙고백서 25장을 통해 신자의 모든 것인 교회를 배우겠습니다.

1. 공교회 (보편교회)

웨스트민스터 신앙고백서 25.1에 가장 먼저 등장하는 단어가 공교회(보편교회)입니다. '공교회'라는 말은 성경에는 등장하지 않지만 교회 역사에 아주 중요하게 쓰인 단어입니다. 예수와 사도들이 살아 있을 당시에는 교회의 여러 가지 어려움이 있더라도 사도들의 지도하에 교회는 거짓 교회를 구분하고 참 교회를 명확하게 드러냈습니다. 하지만 사도들이 죽고 나자 여기저기 거짓 교회들이 나타나기 시작했고, 이런 거짓 교회들 역시 자기가 정통 교회라고 주장하였습니다. 이에 고대교회 교부들이 참 교회에 대해서 고민했고 그 결론으로 '공교회'라는 답변을 내놓습니다.

공교회에서 '공'(公)이라는 말은 '가톨릭'(Catholic)이란 말로서 '보편적'이라는 뜻을 가지고 있습니다. 곧 지역마다 문화마다 다양한 형태와 특색을 가진 교회가 있지만 그런 문화나 지역을 초월하여 반드시 갖추어야 할 교회의 본질적인 요소가 있는데, 바로 그 요소들을 갖춘 교회가 공교회입니다. 이는 예수와 이후에 사도들의 말씀과 행적을 보면 알 수 있습니다.

마태복음 16:18에서 예수께서는 교회를 처음 언급하시면서 교회를 "이 반석" 위에 세운다고 말씀하셨습니다

> 또 내가 네게 이르노니 너는 베드로라 내가 이 반석 위에 내 교회를 세우리니 음부의 권세가 이기지 못하리라(마 16:18).

여기서 "이 반석"이 무엇이냐에 대해서 논란이 많은데 핵심은 교회를 세우는 일정한 기준이 있음을 의미합니다. 곧 예수께서 인간의 자의에 따라 교회를 세우는 것이 아니라 일정한 기준, 곧 "이 반석"이라는 기준을 가지고 교회를 세우심을 말씀하셨습니다. 그래서 예수께서는 이 반석 위에 세워질 교회를 "내 교회"라고 말씀하십니다. 곧 예수께서 알려 주신 기준대로

세워진 교회가 참 교회이고 이 교회는 환경과 시대를 초월한 공교회, 곧 보편성을 갖춘 정통 교회입니다. 바로 예수께서 공교회를 세우셨습니다.

예수께서 말씀하신 공교회의 요건은 이후 사도들이 교회를 세울 때 더욱 명확해집니다. 오순절 성령이 강림하고 나서 사도들을 중심으로 교회가 세워지는데, 사도 바울은 빌립보 지역의 자색 옷감 장사 루디아라는 한 여인에게 말씀을 선포함으로써 교회를 세웁니다.

> 두아디라 시에 있는 자색 옷감 장사로서 하나님을 섬기는 루디아 하는 한 여자가 말을 듣고 있을 때 주께서 그 마음을 열어 바울의 말을 따르게 하신지라(행 16:14).

또 데살로니가교회를 세울 때도 세 안식일, 곧 세 번의 설교를 통해서 교회를 세우게 됩니다.

> 바울이 자기의 관례대로 그들에게로 들어가서 세 안식일에 성경을 가지고 강론하며(행 17:2).

교회를 세우기에는 너무 짧은 기간이라고 생각할 수도 있지만 말씀과 더불어 역사하신 성령과 그리고 공교회를 친히 세워 가시는 예수님에게 시간은 조연에 불과합니다. 그럴 뿐 아니라 이미 세워진 교회 역시 말씀으로 든든히 세워갑니다. 사도행전 20:17 이하에 사도 바울은 에베소 장로들에게 사나운 이리가 들어와서 양들, 곧 에베소교회를 어지럽게 할 것이지만 오직 말씀에 의지해서 힘차게 전진해 갈 것을 말씀합니다. 바울은 교회를 은혜의 말씀께 부탁했습니다.

> 지금 내가 여러분을 주와 및 그 은혜의 말씀에 부탁하노니 그 말씀이 여러분을 능히 든든히 세우사 거룩하게 하심을 입은 모든 자 가운데 기업이 있게 하시리라 (행 20:32).

교회는 하나님의 말씀으로 세워지고 말씀으로 자라갑니다. 바로 그리스도께서 말씀하신 "이 반석"이라는 기준은 말씀이며 궁극적으로는 그리스도입니다.

> 내게 주신 하나님의 은혜를 따라 내가 지혜로운 건축자와 같이 터를 닦아 두매 다른 이가 그 위에 세우나 그러나 각각 어떻게 그 위에 세울까를 조심할지니라 (고전 3:10).

말씀과 그리스도의 인격 사이에 어떤 간격도 없기 때문에 말씀 위에 교회를 세우는 것은 바로 그리스도 위에 교회를 세우는 것입니다. 말씀이 있는 곳에 그리스도가 성령으로 현존하십니다. 이것이 바로 교회의 공교회성, 보편성입니다. 교회가 현실을 힘있게 응전해 가는 과정에서 거칠고 투박하게 심지어는 외모가 흉직하게 변형되었을지 모르지만 그 안에 말씀이라는 심장이 힘있게 요동친다면 그 교회는 공교회입니다.

사도들은 다른 화려한 장식품을 교회에 달지 않았습니다. 하나님은 강단을 세우셨고 그곳에서 선포되는 말씀으로 자신의 백성을 불러모으고 그 백성을 교회의 성도로 힘있게 키우셨습니다.

이렇게 하나님은 공교회를 말씀으로 세우십니다. 그럴 뿐 아니라 하나님은 말씀을 보이게끔 선포하시는데, 그것이 바로 성례입니다. 성례는 하나님이 창조하신 영육의 인간에게 적실하게 선포하신 두 번째 말씀입니다. 우리의 영을 위해서는 보이지 않는 말씀인 설교를, 육을 위해서는 보이는 말씀인 성례를 베푸심으로 우리에게 온전한 말씀으로 선포하십니다.

그리고 이 두 말씀을 교회에 위임하셨습니다.

그래서 하나님은 창세기 2:16-17에서 선악과를 먹지 말라는 보이지 않는 말씀과 실제로 선악을 알게 하는 나무라는 특정 나무를 지칭하는, 보이는 말씀, 곧 성례를 통해 교회를 세우셨습니다. 성례는 구속 역사에서 지속적으로 말씀과 더불어 선포되었는데, 노아의 무지개, 아브라함의 할례, 모세의 유월절 등을 이스라엘이라는 구약의 교회에게 말씀과 더불어 주심으로 교회를 든든히 세우셨습니다. 그래서 웨스트민스터 신앙고백서 25.3은 다음과 같이 고백합니다.

> 그리스도께서는 이 보편적인 유형교회에 교역과 말씀과 하나님의 규례를 주셨다(25.3).

교역자(the ministry)를 통해 말씀이 설교되고 성례(규례)가 집행되어 교회가 세워짐이 명확히 고백되었습니다. 말씀과 성례로 세워져 가는 교회가 공교회입니다.

비록 공교회라는 용어 자체는 교회 역사에 시작되었지만 그 의미는 이미 구속 역사 전체에서 계시되었고 예수께서 명확히 말씀하셨습니다. 교회는 인간의 연합이나 교제 동아리가 아니라, "이 반석"이라는 명확한 기준을 가지고 세운 예수님의 교회, "내 교회"입니다.

여러분들이 섬기는 교회는 예수님의 "내 교회"입니까?

아니면 여러분들의 "내 교회"입니까?

'말씀과 성례'에 집중하시어 예수께서 명령하시고 사도들이 세운 공교회를 세우시길 바랍니다.

2. 교회를 여전히 세우시는 하나님

교회는 말씀과 성례라는 요소를 바탕으로 공교회로서 힘있게 전진해 나아갑니다. 하지만 교회의 전진은 항상 순탄치만은 않습니다. 웨스트민스터 신앙고백서 25.4은 다음과 고백합니다.

> 이 공교회는 때로는 더 잘 보이기도 하고 덜 보이기도 한다(25.4).

더 잘 보인다는 것은 교회가 공교회로 강건히 서 간다는 것을, 덜 보인다는 것은 교회의 연약함을 의미합니다. 공교회가 전진을 할 때 때론 예상치 못한 암초를 만나 어려움을 겪기도 하고, 때론 생각했던 것보다 훨씬 더 수월하게 전진하기도 합니다.

그런데 공교회의 강건함과 연약함은 교회 자체의 강건함과 연약함이 아니라 바로 말씀과 성례의 강건함 혹은 빈약함을 의미합니다. 사도행전 9:31은 다음과 같이 말씀합니다.

> 온 유대와 갈릴리와 사마리아 교회가 평안하여 든든히 서 가고(행 9:31).

이는 말씀과 성례의 강건함에서 오는 교회의 강건함을 의미합니다. 반대로 구약의 가장 암흑기라고 할 수 있는 아합과 이세벨의 폭정시대에 선지자 엘리야는 다음과 같이 말씀합니다.

> 내가 만군의 하나님 여호와께 열심이 유별하오니 이는 이스라엘 자손이 주의 언약을 버리고 주의 제단을 헐며 칼로 주의 선지자들을 죽였음이오며 오직 나만 남았거늘 그들이 내 생명을 찾아 빼앗으려 하나이다 (왕상 19:10).

엘리야가 하나님께 하소연한 것은 백성의 패역함도 있지만 무엇보다 하나님의 말씀을 선포할 선지자가 자신밖에 없음이었습니다. 곧 아합 왕은 여로보암과 더불어 다윗과 솔로몬 다음으로 가장 강력한 국가적 위용을 갖춘 세상적으로 탁월한 왕이었습니다(왕상 22:39). 겉보기에는 교회가 강건했습니다. 하지만 그 교회의 실질은 참으로 빈약하기 그지 없었는데 바로 말씀 사역자가 엘리야 한 사람 밖에 남지 않았기 때문입니다.

더군다나 엘리야의 목숨까지도 아합과 이세벨이 찾고 있었기 때문에 교회는 말 그대로 아사 직전입니다. 바로 엘리야는 교회의 외적 형편 때문에 통곡한 것이 아니라 교회의 빈약한 말씀, 중단될 것 같은 말씀 사역 때문에 그토록 낙망했습니다.

하지만 우리 하나님은 이런 빈약하고 심지어 패역한 교회를 버려두지 않으십니다. 왜냐하면 교회는 하나님의 작정에 기초해 있기 때문입니다. 교회가 인간의 회합, 사상적 연대 정도라면 이미 없어졌을 것입니다. 하지만 교회는 성부의 작정에서 기원하여 성자의 구속, 성령의 기름 부으심이 있는 삼위일체 하나님의 목양지이기 때문에 결코 사라지지 않고 오히려 힘차게 전진합니다. 바로 교회는 예수의 교회, "내 교회"이기 때문입니다.

그래서 하나님은 엘리야의 기도를 들으시고 바알에게 무릎 꿇지 않은 7,000명을 남겨 두셨다고 말씀합니다(왕상19:18). 그리고 열왕기상 19:19-21에 엘리야는 그 7,000명 중의 한 사람을 만나는데, 그 사람이 바로 엘리사입니다. 다른 어떤 사람이 아니라 말씀 사역자인 엘리사를 만나게 하심으로 교회를 향한 하나님의 열심을 보여 주셨습니다. 그래서 웨스트민스터 신앙고백서 7.5은 다음과 같이 고백합니다.

> 그럼에도 불구하고 이 땅에는 하나님의 뜻을 따라 그분을 예배하는 교회가 항상 있을 것이다(7.5).

왜냐하면 우리 하나님은 참으로 자신의 교회를 부지런히 목양하시기 때문입니다.

예수 그리스도는 잠시도 쉬지 않고 부지런히 자신의 교회를 목양하십니다. 우리는 그분의 양 떼입니다.

이 얼마나 행복하고 즐거운 일입니까!

양의 큰 목자가 되신 우리 주 예수 그리스도의 그 음성(말씀, 성례)만을 듣고 영원히 그분의 교회의 성도로 살아갑시다!

우리를 교회로 삼아 주신 예수 그리스도를 찬양합니다. 아멘!

제20장

세례
(웨신 28장)

"세례를 통해 그리스도로 옷 입혀 주시는
성령 하나님을 영원히 찬송합니다!"

가을은 참 멋진 계절입니다. 높은 하늘과 아름다운 단풍을 보면서 자연의 위대함과 오묘함을 느끼게 할 뿐 아니라 삼위일체 하나님을 향한 우리의 마음까지 깊게 만들어 영원을 향한 시린 그리움을 갖게 합니다. 눈부신 가을 햇살은 삼위일체 하나님이 영원에서 보내신 자신의 영광의 빛입니다. 그 영광의 빛을 마음에 가득 담아 웨스트민스터 신앙고백서 28장 "세례"에 대해서 배우겠습니다.

1. 세례 가운데 임재하신 그리스도

하늘로 오르신 그리스도는 자신의 교회를 고아와 같이 버려두지 않고 은혜의 방편을 통해 친히 자신의 교회에 임재하십니다.

> 내가 너희를 고아와 같이 버려두지 않고 너희에게 오리라(요 14:18).

위의 약속의 말씀을 말씀, 성례, 기도라는 방편을 통해서 성취하십니다. 이는 언약 안에서 우리와 동거하심이요, 왕으로 교회를 다스림입니다. 반면 신자의 입장에서 보면 은혜의 방편은 그리스도와 한 몸을 이루는 가시적이며 유일한 수단입니다. 따라서 방편은 그리스도와 교회 사이의 독보적인 연결 고리입니다.

이렇게 은혜의 방편이 독보적인 연결 고리로서 힘있게 주의 교회에서 역사하는 이유는 방편 자체에 어떤 효험이 있어서가 아니라 그리스도의 제정(制定) 말씀과 성령의 역사하심 때문입니다. 마태복음 28:19에서 그리스도께서는 세례 명령을 주셨습니다. 그리고 그 명령을 무책임하게 버려두지 않으시고 세례 가운데 함께 하겠다는 약속을 20절에서 곧장 말씀합니다.

> [19] 그러므로 너희는 가서 모든 민족을 제자로 삼아 아버지와 아들과 성령의 이름으로 세례를 베풀고 [20] 내가 너희에게 분부한 모든 것을 가르쳐 지키게 하라 내가 세상 끝날까지 너희와 항상 함께 있으리라 하시니라(마 28:19-20).

그리스도께서는 공허한 거짓말로 우리를 속일 기만자가 아니십니다. 그리스도는 자신의 말씀에 약속을 담아 주셔서 그 말씀을 반드시 성취하시는 하나님입니다. 다만 약속과 성취 간의 시간적 간격이 있어 우리는 살짝 긴장하지만 믿음까지 선물로 주셔서 그 긴장마저도 아름다운 기다림으로 승화시키십니다.

그리스도의 세례의 약속, 그리스도의 임재를 성령께서 이루십니다. 사도행전 2:38에서 베드로가 회개하는 유대인들에게 세례를 받으라고 권면합니다

> 베드로가 이르되 너희가 회개하여 각각 예수 그리스도의 이름으로 세례를 받고 죄 사함을 받으라 그리하면 성령의 선물을 받으리니(행 2:38).

그러면서 회개할 때 "성령의 선물"을 받는다고 말씀합니다. '성령을 받는 것'이 아니고 "성령의 선물"을 받는 것입니다. 곧 회개할 때 구원이라는 선물을 성령께서 주신다고 말씀합니다. 그리스도의 좌정입니다.

세례라는 중생의 선물은 회개가 만들어 내는 것이 아니라 성령의 선물입니다. 곧 오순절 베드로의 설교 말씀과 더불어 역사하신 성령이 세례 가운데 역사하셔서 중생을 선물로 주십니다. 세례는 그 자체가 은혜로운 작용을 하는 것이 아닙니다. 오직 그리스도의 제정 말씀과 성령의 효과적인 사역으로 은혜의 방편으로 역사합니다. 그래서 웨스트민스터 신앙고백서 28.1, 6은 다음과 같이 고백합니다.

> 세례는 신약의 성례로서, 예수 그리스도께서 제정하셨고 …(28.1)

> 성령께서 실질적으로 은혜를 나타내시고 수여하신다(28.6).

2. 말씀과 세례(성례)를 긴밀히 연합시키는 성령

세례를 은혜의 방편으로 역사하게 하시는 분은 성령입니다. 그런데 방편의 주인이신 성령께서 말씀과 세례를 별개의 것으로 만들지 않으시고 아주 긴밀하게 연합시키십니다.

말씀은 두 가지 기능을 가지고 있는데, 믿음을 불러일으키는 것과 일으킨 믿음을 강화하는 것입니다. 하지만 성례는 믿음을 불러일으키지는 못하고 이미 있는 믿음을 강화하는 한 가지 기능만을 가지고 있습니다. 그런데 성례가 가진 믿음의 강화는 성례 자체에 나오는 것이 아니라 바로 말씀에서 나오는 것이며 이를 눈으로 보이게끔 할 뿐입니다. 왜냐하면 말씀과 성례는 모두다 그리스도와 그의 구속의 은덕을 가리키기 때문입니다. 말씀과 성례는 그리스도라는 한 원천의 두 방편입니다.

그래서 베드로가 사도행전 2:38에 회중들에게 세례를 받으라고 했을 때 갑자기 세례를 권면한 것이 아니라 사도행전 2:14-36에 나오는 '자신의 설교를 듣고 찔림이 있는 사람들'에게 권합니다. 또 교회에서 세례를 베풀 때, 세례 제정 말씀을 선포하는 것과 세례 교육을 하는 것도 같이 이치입니다. 세례는 말씀이 주는 은혜를 눈으로 확인하고 서약하는 것이지 말씀과 동떨어진 은혜가 아닙니다. 이렇게 말씀과 하나 되어 말씀을 눈으로 확인하는 것이 세례입니다. 그래서 개혁자들이 세례를 '표'(sign)와 '인'(seal)이라고 했습니다.

말씀과 세례(성례)가 긴밀하게 연관되어 있는 것을 '성례적 연합'이라고 합니다. 성례적 연합이란 세례(성례)가 말씀에게 그리스도를 소개받아 그 그리스도를 눈으로 보이게끔 전파하는데, 그 이상도 그 이하도 아닌 오직 말씀에서 선포된 그리스도만을 전파하는 것을 가리킵니다. 곧 성례는 말씀에서 유보된 또다른 은혜를 전하는 것이 아니라 말씀과 하나되어, 성례적으로 연합되어 한 원천이신 그리스도만을 전합니다.

따라서 우리는 세례를 받을 때 말씀으로 그리스도의 대속함을 확신하는지를 먼저 생각해야 합니다. 만일 말씀으로 그리스도가 우리 안에 좌정하지 않음에도 세례를 통해서 무언가 부족한 은혜를 받는다고 생각한다면 그것은 세례가 말씀의 자리를 찬탈하는 것이며, 동시에 로마 가톨릭교회의 세례를 받는 것입니다. 로마 가톨릭교회는 세례의 물을 특별한 은혜가 임하는 공간으로 해석하여 성령의 사역을 공간화합니다. 물 자체에 신비한 힘이 있어서 믿음이 없어도 은혜가 임한다고 생각합니다.

하지만 종교개혁자들은 성령의 사역을 공간화하지 않고 세례 가운데 성령께서 말씀으로 직접 역사하시는 영적인 연합, 곧 성례적 연합을 고백합니다. 성령께서 말씀으로 우리 마음에 믿음을 불러일으키시고 그 믿음을 표하고 인치는 것이 세례이지, 세례는 말씀과 상관없는 신비한 그 무엇이 아닙니다. 그래서 사도 바울이 고린도전서 1:17에서 다음과 같이 말씀하면서 말씀과 상관없는 세례를 강력히 비판하였습니다.

> 그리스도께서 나를 보내심은 세례를 베풀게 하려 하심이 아니요 오직 복음을 전하게 하려 하심이로되 …(고전 1:17).

이것은 웨스트민스터 신앙고백서 28.5에서도 마찬가지입니다.
우리가 세례를 받을 때 어떤 마음가짐으로 가져야 하겠습니까?
다음과 같은 생각을 갖는 것은 바른 태도가 아닙니다.
'예수를 믿는 것이 확실하지 않는데, 이 세례를 통해서 확실한 믿음을 가져야지.'
'이번에 세례 받고 예배에 성실히 나와야지.'
세례는 없는 은혜를 만들어 내는 것이 아니라 말씀으로 일으킨 믿음을 눈에 보이도록 표하고 인치는 것입니다. 따라서 우리는 세례를 받을 때 무엇보다 우리 안에 그리스도가 말씀으로 좌정하고 계신지, 구원의 확신이 있는지를 고백한 후 세례를 받아야 합니다.

3. 그리스도로 옷 입는 세례

세례는 일생에 단 한 번 받지만 세례의 은혜는 영원합니다. 여기서 은혜가 영원하다는 것은 다시 회상하고 기억함으로 은혜가 임하는 것이 아니라 마치 매순간 세례를 받는 것처럼 매우 실제적이고 항구적인 은혜를 가리킵니다.
세례가 가리키는 것은 죄를 씻음입니다. 곧 물로 몸의 더러운 것을 씻는 것처럼 세례 예식을 통해 우리의 죄가 그리스도의 보혈로 깨끗이 씻겨졌음을 가리킵니다.

그런데 이 죄 씻음은 실제 감각으로 느끼지 못합니다(롬 6:11). 그래서 사람들은 자신의 중생의 날짜를 기억하지 못합니다. 이것은 지극히 당연한 것인데, 중생은 사람의 수용 여부에 달려 있는 것이 아니라 하나님의 은혜와 말씀 선포에 의존하기 때문입니다. 그런데 사람들은 이런 중생을 느끼지 못한다고 해서 실제로 일어나지 않은 일로 여깁니다. 그래서 사람들은 마치 자신이 믿을 때, 자신이 회개를 할 때 구원을 받았다고 말합니다. 이것은 인간 편에서는 맞지만 만일 이런 주장이 공적 신앙고백을 넘어서면 구원을 자신이 이룬 것처럼 생각하게 됩니다.

이런 중생의 오해를 불식시키고 동시에 중생이 실제적인 일임을 확신시키기 위하여 우리에게 물을 붓는 세례식을 합니다. 하나님은 감각 밖의 일을 세례라는 감각으로 가지고 와서 우리의 구원이 은혜로 일어난 일임을 그리고 실제적인 일임을 확신시키셨습니다.

그럴 뿐 아니라 세례가 가리키는 중생이라는 선물은 물로 씻는 예식일 뿐 아니라 삼위일체 하나님과의 연합을 의미합니다. 예수 그리스도께서 마태복음 28:19에 다음과 같이 세례 명령을 하셨습니다.

> 아버지와 아들과 성령의 이름으로 세례를 베풀고(마 28:19).

여기서 "이름으로"는 단지 '이름 안에서'(in the name)라기보다는 원어의 의미를 살린다면 '이름 안으로 들어감'(into the name)을 의미합니다. 들어간다는 것은 삼위일체 하나님 안으로 들어가는 것인데, 이것은 삼위일체 하나님과의 언약 관계로 들어가는 것입니다.

언약 안으로 들어가는 것은 무엇입니까?

이제부터 하나님과 영원한 관계로 들어가는 것인데, 이 관계는 결코 단회적이지 않습니다. 세례는 물로 씻는 예식을 통해 단지 대속이라는 단회적인 사건만을 가리키는 것이 아니라 이후에 삼위일체 하나님과의 관계, 곧 영원한 은혜 언약 안으로 들어가는 것까지 가리킵니다.

세례는 믿음을 강화하는데 그 강화는 과거의 단회적 사건을 기념하는 것에서 오지 않고, 실제로 생생하게 언약 안에서 하나님과의 관계를 누림에서 옵니다. 세례는 죽지 않았습니다. 세례는 항상 현재입니다. 세례는 인생의 매순간마다 힘있게 요동치며 우리의 구원을 격려하는 가장 앞선 인도자입니다.

세례를 추억이라는 옷장에서 꺼내십시오.

그리고 먼지를 털고 세례라는 선이 살아 있는 눈부신 옷을 입으십시오.

성령께서 그리스도로 옷 입혀 주실 것입니다!

세례를 통해 그리스도로 옷 입혀 주시는 성령 하나님을 영원히 찬송합니다. 아멘!

> 누구든지 그리스도와 합하기 위하여 세례를 받은 자는 그리스도로 옷 입었느니라(갈 3:27).

제21장

성찬
(웨신 29장)

*"성찬을 통해 우리를 영원히 먹이시는
그리스도를 찬송합니다!"*

겨울은 추위로 가장 혹독한 계절이지만 가장 깊은 계절이기도 합니다. 겨울은 사랑하는 가족과 함께 따뜻한 한 끼 식사를 하며, 좋은 친구들과 함께하는 향이 깊은 커피를 마시며 깊은 교제를 나눌 수 있는 계절입니다. 비록 차가운 바람과 눈으로 우리의 몸은 움츠리지만 가장 깊은 마음을 나눌 수 있는 가장 따뜻한 계절, 교제의 계절입니다.

교제의 계절인 겨울에 딱 어울리는 교리가 성찬입니다. 성찬은 '거룩한 식사'로서 주님께서 자신의 친밀함과 교제로 우리를 초대하십니다. 삼위일체 하나님은 그 뜨거운 교제로 저희들을 초청해 주십니다. 성찬을 통한 교제보다 더 깊은 교제는 없습니다. 성찬을 통해 만나는 삼위일체 하나님, 그 하나님이 전부입니다. 바로 그리스도를 먹고 마시기 때문입니다.

본 장에서는 웨스트민스터 신앙고백서 29장 "성찬"을 배우겠습니다. 삼위일체 하나님과의 깊은 교제 가운데로 들어가겠습니다.

1. 그리스도로 양식 삼는 성찬

성찬을 생각할 때 가장 먼저 고백해야 할 것은 그리스도께서 십자가에서 자신의 살을 찢고 피를 흘리심입니다. 웨스트민스터 신앙고백서 29.1은 다음과 같이 명확하게 고백합니다.

> 이는 주님께서 죽으심으로 자기 자신을 제물로 바치신 일을 항구적으로 기억하게 하며(29.1).

곧 성찬은 일차적으로 그리스도의 피 흘리심을 기억함입니다.

하지만 성찬은 십자가 제사만을 가리키지 않습니다. 그렇기 때문에 예수께서는 십자가에서 성찬을 제정하지 않고 식사가 중심이 된 유월절 예식에서 성찬을 제정하셨습니다. 유월절 절기는 어린양의 피로 말미암아 죽음이 '넘어간다'(유월[踰越], pass over)라는 대속의 의미도 있지만 무엇보다도 식사라는 더 강력한 의미를 갖습니다.

그래서 하나님이 유월절을 영원한 규례로 지키라고 명령하시고(출 12:14, 17, 24), 이 명령을 직접적으로 받은 모세는 광야에서 두 번째 유월절을 지키는데, 피를 뿌린다는 언급 없이 식사로만 유월절을 지킵니다(민 9:9-12). 세 번째 유월절을 지킨 여호수아도 식사만을 행합니다(수 5:10-12). 물론 이후에 유월절에 피를 뿌리는 의식을 행하기는 합니다만(대하 35:11이하) 모세와 여호수아가 지킨 둘째, 셋째 유월절에서 식사만을 기록한 것으로 볼 때 식사가 핵심입니다.

곧 유월절 식사는 단지 양의 피 흘림 이후에 오는 뒷풀이로서의 식사가 아니라 피 흘림으로 시작된 유월절 예식의 절정이며 마무리입니다. 식사는 단지 식사가 아니라 어린양의 피와 살을 함의하고 있는 유월절 절기의 완성입니다. 그래서 예수께서는 성찬을 양을 잡을 때가 아니라 식사 때에 시행하셨습니다.

그렇다면 식사는 무엇을 의미합니까?

바로 어린양의 대속뿐 아니라 그의 살과 피를 먹는 것, 즉 양식 삼음입니다. 하나님은 대속한 우리를 무책임하게 방임하지 않습니다. 대속한 우리를 당신의 자녀 삼으셔서 친히 먹이십니다. 바로 피 흘린 양, 그리스도로 먹이십니다. 우리를 살리신 하나님은 영원까지 그리스도로 우리를 먹이십니다.

이런 식사로서의 유월절 의미를 알고 계셨던 그리스도께서 피 흘림만을 성례로서 제정하지 않으셨습니다. 피 흘림을 포섭하는 유월절 식사를 성찬으로 제정하셨습니다. 피 흘림뿐 아니라 계시의 모든 것을 담고 있는 식사를 성찬으로 제정하시어 성찬을 통해서 누리는 영원한 언약적 교제를 오고 오는 교회에게 선물로 하사하셨습니다.

바로 성찬은 그리스도로 양식 삼음입니다. 성찬은 분명히 대속을 나타냅니다. 하지만 성찬은 대속에만 멈추지 않습니다. 만일 성찬이 찢으신 살과 피에만 멈춘다면 성찬은 아마 세례에 흡수되었을 것입니다. 세례도 그리스도의 피 흘림을 가리키기 때문입니다. 하지만 성찬은 분명히 그리스도의 십자가 사역을 가리키지만, 십자가 사역을 넘어서 그리스도가 우리의 양식이 된다는 것을 가리킵니다. 유월절 식사에서부터 시작된 계시의 성취를 우리에게 알려 주고 있습니다. 그래서 웨스트민스터 신앙고백서 29.1은 다음과 같이 고백합니다.

> 성찬은 그들이 그분과 더불어 누리는 교제와 그분의 신비적 몸의 지체로서 서로 나누는 교제의 띠요 보증이다(29.1).

따라서 우리가 성찬에 참여할 때 그리스도의 피 흘림만을 기념하는 것에서 멈추지 말고 실제 그리스도를 먹고 마시는 양심 삼음, 그리고 교제함을 더욱 묵상하셔야 합니다. 바로 이것이 성찬을 통해 누리는 은혜와 언약적 교제입니다.

2. 그리스도가 실재(實在, existence)적으로 임재하는 성찬

식사로의 성찬은 그리스도를 양식 삼음입니다. 그런데 그리스도로 양식 삼음을 우리 개혁주의 교회에서는 화체설도, 공재설도, 상징설도 아닌 영적 임재설(실재적 임재설)로 고백합니다. 화체설과 공재설은 한 범주로 묶을 수 있는데, 그리스도께서 성찬을 제정하실 때에 "이것은 내 몸이다"라는 말씀을 문자적으로 받아들이는 데 그 공통점이 있습니다.

로마 가톨릭교회의 화체설은 그리스도께서 떡을 몸이라고 말씀하셨으므로 그것을 믿음으로 고백해야 한다고 주장합니다. 실제 떡이 살로 바뀐다고 주장합니다. 반면 루터교회의 공재설은 문자적으로 해석하는 것에서 동의하지만 '이것은'이라는 예수의 말씀은 떡을 가리키는 것이 아니라 떡 주위 어딘가에 있을 예수의 살을 가리킨다고 주장합니다. 마치 사람들이 '이것은 아기다'라고 외칠 때 손가락은 요람을 가리키지만 실제는 아기를 가리키는 것처럼 말입니다.

로마 가톨릭교회와 루터교회는 다른 배경에 있지만 예수의 말씀을 문자적으로 해석하여 떡을 살로 둔갑시키거나 떡 주위에 살이 있는 것으로 오해하면서 성찬에 참여합니다. 저들은 성찬에 참여하는 것이 아니라 실제로 인육을 먹는 그런 비성경적인 성찬을 주장합니다.

이런 주장과 달리 츠빙글리는 상징설을 주장합니다. 곧 "이것은 내 살이다"라고 말씀하실 때에 문학적 직유의 표현이지 실제 살과 피가 아니라고 주장합니다. 그리스도의 죽음에 의지해서 그리스도를 생각하고 의존할 때 그리스도께서 성찬 자리에 영적 방식으로 임재하셔서 은혜를 주신다고 주장합니다. 곧 인간의 기억과 회상이라는 우리의 노력에 의해 그리스도가 상징적으로 임재한다고 주장합니다.

그러나 이런 이들의 주장은 성례를 본질적으로 오해하고 있습니다. 그리스도께서 성찬을 제정하실 때에 그것은 실제 살과 피로 먹이는 것이 아닙니다. 그렇다고 우리의 기억과 회상에 맡겨 두신 것도 아닙니다.

곧 그리스도가 성찬을 제정하실 때 성찬이 주는 유익은 말씀이 주는 유익과 동일합니다. 말씀이 주는 유익 그 이상이 성찬을 통해서 흘러나오지 않고 또 말씀보다 조금 못한 은혜가 성찬을 통해 역시 흘러나오지 않습니다. 성찬은 말씀과 긴밀하게 연합되어 있어 말씀이 주는 유익, 딱 그 정도의 은혜가 우리에게 임합니다.

곧 로마 가톨릭교회와 루터교회는 하늘에 계신 그리스도의 인성(사람 되심)을 땅으로 끌어내려 말씀 그 이상의 은혜를 남발하였고, 츠빙글리는 그리스도가 신성(하나님 되심)으로 이 땅 가운데 실재적으로 임재하신 것을 거절함으로 그리스도가 주는 참된 유익을 제한하였습니다. 곧 이들은 성찬을 말씀이 주는 유익 그 이상 혹은 그 이하로 이해함으로써 성찬이 가진 '성례적 연합'의 본질을 훼손하였습니다.

그리스도께서 성찬을 제정하실 때 말씀, 딱 그 정도만의 은혜를 가시적으로 주셨습니다. 말씀에서 유보된 은혜가 성찬을 통해 더 많이 흘러가거나 말씀보다 빈약한 은혜가 성찬을 통해 희미하게 흘러가지 않습니다. 바로 개혁주의 교회는 이런 오류들을 성경을 따라 교정합니다. 성찬은 말씀이 주는 그 은혜와 동일합니다. 곧 그리스도가 성찬 자리에 현존한다고 고백합니다.

하지만 그 현존은 떡이 살로 바뀌거나 떡 어딘가에 실제로 함께 함으로써 현존하는 것이 아니라 성령으로 말미암아 현존합니다. 곧 물리적으로 함께 하는 것은 아니지만 성령께서 함께 하기 때문에 그 효과는 실제 살을 먹는 것과 똑같은 유익이 있습니다. 왜냐하면 성령은 창조의 영이시기 때문입니다(겔 37:5; 눅 1:35; 요 3:5, 6; 칼빈, 『기독교강요』, 2.13.4).

성령의 손에 붙들린 떡과 포도주는 우리에게 참된 양식으로서 힘있게 역사합니다. 그리스도가 성찬 자리에 임재하여 자신의 살과 피를 먹이신다는 것은 공허한 거짓말이 아니라 성령으로 말미암는 실재(實在, existence)입니다. 눈으로 보이고 감각으로 느껴지는 실제(實際, reality)가 아니라 성령으로 함께하는 실재입니다. 따라서 우리는 성찬 자리에 실재적으로 임재하는 그리스도를 봅니다. 그리고 그분의 살과 피를 실재적으로 먹음으로써 천상의 양식을 먹고 마십니다.

3. 그리스도께서 베풀어 주신 영원한 성찬

성찬은 성령으로 말미암아 그리스도를 실재적으로 먹고 마시는 거룩하고 복된 밥상입니다. 그럴 뿐 아니라 성령은 이 성찬상을 영원까지 이어가십니다. 그리스도께서 성찬을 통해 유월절의 대속과 양식 삼음을 성취하셨습니다. 자신의 십자가로 모든 죄인을 대속하셨고 자신을 친히 주심으로 우리에게 양식을 주셨습니다.

그런데 그리스도라는 양식은 단지 일회성으로 그치는 것이 아니라 영원합니다. 십자가의 대속은 처음이자 마지막으로 단회적입니다. 하지만 성찬은 십자가에서 이루신 단회적 대속을 시작으로 하여 영원까지 이어집니다. 유월절의 어린양의 피 뿌림 이후에 식사가 진행되는 것처럼 그리스도의 십자가로 말미암아 제사는 완성되고 식사는 출발합니다. 십자가 제사를 통해서 시작된 성찬은 결코 멈추지 않을 것입니다. 그리스도로 양식 삼는 언약적 교제는 영원하기 때문입니다. 십자가에서 시작된 교제는 단회적이 않고 영원합니다.

바로 이 영원한 일을 그리스도께서 성령께 위임하셨으며, 성령께서는 성부와 성자를 사랑으로 연합시키시듯이 성찬에 임재하셔서 우리와 그리스도를 영원히 연합시키십니다. 성령께서 이 위대한 일을 맡으셨기 때문에 우리는 결코 그리스도와 결별하는 일은 없을 것입니다. 우리는 성찬에 성령으로 임재하신 그리스도와 매순간 긴밀한 연합을 누리게 될 것입니다. 어린양의 혼인잔치는 영원합니다.

십자가를 통해 영원한 성찬을 베푸시고 우리와 영원히 교제하길 원하시는 예수 그리스도, 그 지금도 문 밖에서 문을 두드리시며 우리를 성찬상으로 초대하시는 예수 그리스도, 그분만을 영원히 송영합니다. 아멘!

> 볼지어다 내가 문 밖에 서서 두드리노니 누구든지 내 음성을 듣고 문을 열면 내가 그에게로 들어가 그와 더불어 먹고 그는 나와 더불어 먹으리라(계3:20).

제22장

교회 권징
(웨신 30장)

*"교회를 채찍으로 반듯하게 세우시는
하나님을 찬양합니다!"*

    12월은 한 해의 끝이라는 아쉬움과 새해의 시작이라는 설렘의 경계선에 서 있습니다. 경계는 항상 두 가지를 동시에 포함하는 묘한 낭만이 있습니다. 아마 달력과 시간은 단위일 뿐, 인생은 물과 같이 자연스럽게 흐르는 아쉬움과 설렘의 연속 그리고 공존인 것 같습니다.

    하지만 우리 기독교인은 아쉬움과 설렘 사이에서 항상 설렘이 우선합니다. 바로 그리스도의 오심이 점점 가까워오기 때문이요, 또한 아쉬움은 단지 인간적인 미련이 아니라 회개라는 더 큰 열매를 의미하기 때문입니다. 인생은 단지 돌고 도는 윤회가 아니라 그리스도를 향한 힘찬 전진입니다.

    본 장에서는 이 힘찬 전진을 돕는 웨스트민스터 신앙고백서 30장 "권징" 에 대해서 살펴보겠습니다.

1. 권징, 복음의 또 다른 방편

    권징이라는 말을 들으면 약간은 부정적인 생각이 듭니다. 권징은 죄에 대해 벌하는 것인데, 사랑의 하나님과 사랑의 공동체인 교회와 어울리지 않는 듯합니다. 그러나 성경은 그렇게 말씀하지 않습니다. 이는 최초로 권징이 시행된 아담과 여자에게서 명확히 나타납니다. 하나님의 말씀을 어긴 아담과 여자에게 하나님은 창세기 3:16 이하에서 권징을 시행합니다. 여자는 임신하는 고통을, 남자는 평생 땀을 흘려서 생계를 유지해야 하는 벌과 에덴 동산에서 쫓겨나는 출교라는 권징을 받습니다. 아담과 여자는 죄에 대한 혹독한 대가를 치룹니다.

그런데 이런 죄에 대한 독한 대가, 권징을 아담과 여자는 믿음으로 받아들입니다. 창세기 3:20에 아담이 하나님의 권징을 받은 직후 '여자'의 이름을 '하와'로 개명합니다. 하와라는 뜻은 '생명'인데, 창세기 3:15의 첫 복음인 '여자의 후손'이라는 '생명'이 하와를 통해 이어간다는 고백입니다. 즉 자신의 죄를 깊이 뉘우치며 창세기 3:15의 복음을 하와라는 이름으로 고백합니다.

그래서 실제로 창세기 4:1에서 아이를 낳고 '얻었다'라는 의미의 '가인'이라 이름을 짓는데, 이는 '여자의 후손, 생명을 얻었다'는 뜻입니다. 물론 뒤에는 가인이 여자의 후손이 아니라는 것이 밝혀지지만 가인이 태어날 때는 아담과 여자는 창세기 3:15의 '여자의 후손'임을 고백했습니다.

이런 믿음이 어디에서 왔습니까?

바로 복음(창 3:15)과 함께 권징(창 3:16 이하)이 시행되었기 때문입니다. 만일 복음만을 선포했다면 아담과 여자는 자신의 죄가 얼마나 비참하고 커다란 죄악인지 깨닫지 못했을 것입니다. 하지만 하나님은 권징을 시행함으로 죄는 반드시 혹독한 대가가 있고 그 대가는 에덴 동산에서 쫓겨남(출교)을 당할 만큼 엄청나다는 것을 알게 하였습니다. 동시에 죄인에게 여자의 후손을 약속한 것, 곧 복음이 엄청난 은혜라는 것 역시도 권징을 통해 깨달았습니다.

실상 권징은 하나님의 선한 복음의 한 방편입니다. 그래서 사도 바울도 고린도전서 5:5에서 권징의 혹독함을 사탄에게 내어주는 것이라고 표현하지만 참된 목적은 영혼을 구원하는 것이라고 말씀합니다. 권징을 통해 드러난 복음의 참된 성격을 말씀합니다.

> 이런 자를 사탄에게 내어주었으니 이는 육신은 멸하고 영은 주 예수의 날에 구원을 받게 하려 함이라(고전 5:5).

권징은 복음과 함께 시작되었고 복음과 더불어 선포되어야 하는 복음의 중요한 요소입니다. 그래서 웨스트민스터 신앙고백서 30.3은 다음과 같이 권징의 복음적 성격을 명확하게 고백하고 있습니다.

> 교회의 권징은 과오를 범한 형제를 교정하여 다시 얻기 위함이며 … (30.3).

2. 복음 설교와 성도의 교제, 교회법을 통한 권징

그렇다면 하나님은 어떻게 권징하실까요?
언뜻 생각하기를 하나님께서 갑작스럽게 어떤 병이나 재앙 혹은 꿈이나 환상 등으로 무섭게 권징하실 것 같지만 그렇지 않습니다. 하나님이 쓰시는 일상적이면서도 가장 확실한 권징은 설교입니다. 고린도후서 7:8 이하에서 바울은 고린도교회의 죄에 대해서 다른 어떤 신비하거나 기적적인 방법이 아닌 지극히 일상적인 방법인 설교를 통해 권징합니다. 바울은 자신의 편지로 고린도 교인들을 근심하게 하였다고 합니다. 설교(편지)로 고린도교회를 권징합니다.
여기서 설교로 권징한다는 것은 어느 성도를 지명하여 정죄한다는 것이 아니라 하나님의 복음이 선포됨으로 자연스럽게 그 메시지를 듣고 근심하게 된 것을 의미합니다. 복음 설교가 죄를 지적하는 강력한 메시지를 담고 있기 때문에 참된 복음이 선포될 때 회중은 자연스레 자신의 죄에 대해 근심하게 됩니다. 바로 설교를 통해 고린도 교인들은 자신의 죄에 대해 분을 내며, 죄에 대한 두려움과 근심에 사로잡혀 마침내는 회개합니다(고후 7:8-11).

이렇게 설교는 일상적이지만 강력하고 확실한 권징의 방편입니다. 성령께서 설교를 통해 직접 권징하시기 때문입니다. 히브리서 4:12을 보면, 하나님의 말씀은 살아 있고 운동력이 있어 혼과 영, 관절과 골수를 찔러 쪼갤 뿐 아니라 우리의 마음과 생각을 능히 판단한다고 합니다. 설교는 성령께서 사용하시는 권징의 비밀병기입니다. 성령께서 말씀을 들고 찾아오신다면 그 어떤 사람도 자신의 죄를 토설하지 않을 수 없습니다(시 32:3-4). 매주 설교를 통해서 권징이 시행되지만 매번 새로운 권징이 될 수 있는 것은 성령께서 역사하시기 때문입니다.

말씀을 통해 권징을 행하시는 성령은 또한 성도의 교제를 사용하십니다. 마태복음 18:15 이하를 보면, 형제가 누군가에게 범죄하였을 때, 피해를 끼친 사람을 찾아가서 권면하고 그래도 안 되면 증인으로 한두 사람을 더 데리고 가서 권면하라고 말씀합니다.

여기서 권면을 하는 사람 혹은 사람들은 누구입니까?

바로 한 교회의 성도입니다. 한 교회의 성도가 자신에게 죄를 범하였을 때 피해를 입은 성도는 그 피해를 방치하지 말고 개인 혹은 여러 명이 가서 권면하라고 말씀합니다. 왜냐하면 이들은 한 말씀을 받은 한 교회의 성도이기 때문입니다. 이들은 목사님의 설교를 통해 동일한 말씀을 받고 그 말씀으로 함께 자라가는 그리스도의 몸의 지체들이기 때문에 서로 권면하는 것은 너무나 지당합니다.

가운데서 분쟁이 없고 오직 여러 지체가 서로 같이 돌보게 하셨느니라 (고전 12:25).

그런데 성도의 교제 가운데 나타난 권징은 이렇게 직접적으로 시행할 수도 있지만 대부분의 경우에서는 다른 성도들의 모범스러운 삶을 통해 이루어집니다.

어떤 성도가 여러 가지 급하고 바쁜 일이 있음에도 주일에 빠지지 않고 예배드리는 모습을 본 적이 있습니까?

그럴 때 성도들도 자극과 도전을 받아 주일 예배를 사모하게 됩니다. 성도의 삶이 권징의 방편으로 나타나는 예입니다. 성도들의 삶 자체가 권징의 방편입니다. 그래서 바울은 고린도교회의 연보를 독려하면서 마게도냐 교회를 모범으로 제시합니다.

환난의 많은 시련 가운데서 그들의 넘치는 기쁨과 극심한 가난이 그들의 풍성한 연보를 넘치도록 하게 하였느니라(고후 8:2).

성도의 교제는 부드럽지만 강력한 권징입니다. 선포된 말씀이 삶을 통해 선포되기 때문입니다. 설교와 성도의 교제로 시행된 권징은 교회에서 빈번히 시행되는 일상적이고 확실한 권징입니다.

그러나 교회의 권징은 여기에서 끝나는 것이 아닙니다. 이런 일상적인 권징이 효과가 없을 때 하나님은 최후의 수단으로 교회법을 사용하십니다. 설교와 성도의 교제를 통한 권징은 죄를 마음에서부터 다스려 더 이상 공적으로 확장되는 것을 막는 방법입니다. 하지만 이 두 가지 방법으로도 죄가 다스려지지 못하고 교회적으로 분출되어 교회를 혼란 가운데 빠뜨릴 경우 하나님은 최후의 조치를 취하십니다. 바로 교회법을 통한 권징입니다.

어떤 성도를 한 말씀으로 성도의 교제 가운데 자연스럽게 권징을 시행했지만 뉘우치지 않을 때 마태복음 18:17은 그것에 대하여 교회에 말하라고 합니다. 여기서 교회란 교회의 당회를 말하는 것인데, 당회를 통한, 교회법을 통한 권징을 의미합니다. 설교를 통해, 성도의 교제를 통해 권징이 시행되었지만 완악한 마음이 이를 거부할 때 하나님은 이를 좌시하지 않고 온 교회에 죄를 들추어내십니다.

사도 바울이 고린도후서 13:2에 "내가 다시 가면 용서하지 아니하리라"고 말씀하였는데, 이는 이미 여러 편지를 통해, 또 성도의 교제 가운데 수차례 권면하고 권징을 시행했지만 죄에서 돌이키지 않는 자들을 교회법을 통해 공적으로 권징하겠다는 것입니다. 설교와 성도의 교제를 통해 죄인을 배려하시면서 권징하시던 하나님은 이제 그 인내를 끝내시고 공적인 법정으로 죄를 가져와 심판하십니다. 그리고 혹독하게 심판하십니다. 데살로니가후서 3:14은 다음과 같이 말씀합니다.

> 누가 이 편지에 한 우리말을 순종하지 아니하거든 그 사람을 지목하여 사귀지 말고 그로 하여금 부끄럽게 하라(살후 3:14).

곧 공적인 성도의 교제에서 제외시켜라는 것입니다. 이것은 우선적으로 성찬이라는 가장 큰 공적 교제 자리에서 제외시키고(수찬정지), 이를 위해 일체의 사적 교제도 금지합니다. 왜냐하면 사적 교제를 계속 유지한다면 공적 권징이 가볍게 여겨질 수 있기 때문입니다. 성찬은 금했지만 일상에서 편하게 대화한다면 권징은 너무 가벼운 것으로 전락합니다. 이렇게 교회법을 통한 권징을 웨스트민스터 신앙고백서는 다음과 같이 고백합니다.

> 교회 직원들의 손에 치리를 맡기셨다(30.1).

이 목적을 보다 효과적으로 이루기 위하여 교회의 직원들은 범죄의 성격과 죄인의 과실을 고려하여 권계, 일시적인 수찬정지, 출교 조치 등을 취하여야 한다(30.4).

출교는 교회에서 쫓아냄이 아니라 '교제에서 쫓아냄'(excommunication)인데, 이는 그리스도와 성도들의 교제에서 쫓겨남입니다. 교제의 박탈은 인간 목적의 박탈입니다.

하나님은 죄를 좌시하지 않으십니다. 설교와 성도의 교제로 우리를 배려하시면서 권징하시고, 그래도 회개하지 않을 때는 최후의 수단으로 교회법을 통해 권징하십니다. 그러나 이 모든 권징은 벌이 아니라 훈육입니다(권징은 원어상 '훈육'[discipline]을 의미입니다). 권징은 하나님이 우리를 반듯하게 키우고 싶어하시는 강력한 사랑입니다. 하나님이 우리 아버지이기 때문에 매를 드십니다(히 12:7). 우리의 머리에는 미련한 것이 많이 들어있지만 따끔한 채찍이 그것을 멀리 쫓아낼 것입니다.

저주가 아니라 사랑으로 우리를 훈육(권징)하시고 교회를 반듯하게 세우시는 그 하나님을 영원히 찬송합니다. 아멘!

> 아이의 마음에는 미련한 것이 얽혔으나
> 징계하는 채찍이 이를 멀리 쫓아내리라(잠 22:15).

제23장

대회와 공회의
(웨신 31장)

"교회 회의를 통해 삼위일체 하나님의 협의(counsel)를
드러내신 하나님을 송영합니다!"

사방에서 몰아치는 차갑고 무서운 칼바람이 불어올 때, 우리는 더 이상 피할 곳 없는 겨울의 한 복판에 이르게 됩니다. 따뜻함이란 기억 속에서만 찾을 수 있는 아련한 추억이며 간혹 우리 입김에서 그 온기를 잠시 회상할 수 있습니다. 하지만 그 기억과 입김마저도 한겨울의 추위가 냉큼 얼려 버립니다.

우리는 한겨울의 추위를 피하기 위해 따뜻한 공간을 찾아 이리저리 헤매거나 아니면 끓는 청춘을 의지하여 과감히 추위와 맞서기도 하겠지만, 조금만 참으면 아련한 기억 속에 있는 봄이 곧 찾아옵니다. 하나님이 섭리로서 운행하고 우리 마음 가운데는 소망을 주셨습니다. 따뜻함은 항상 소망하는 자의 것입니다. 이 따뜻한 즐거움으로 웨스트민스터 신앙고백서 31장 "대회와 공의회"를 살펴보겠습니다.

1. 회의를 통해 교회를 인도하시는 하나님

웨스트민스터 신앙고백서 31장 "대회와 공회의"는 교회 회의에 대한 고백입니다. 대회(大會)와 공회의(公會議)는 명칭은 차이가 있지만 모두 교회의 회의를 지칭합니다. 교회는 어떤 교리적 사항이나 교회법(정치)적인 일을 결정할 때 회의를 통해 결정하였습니다. 이는 성경에서 기인합니다.

마태복음 18:15-17에서 예수께서는 형제의 범죄에 대한 권징의 문제를 교회에 말하라고 하셨는데 여기서 교회는 장로의 회, 당회입니다. 또 사도행전 15장의 할례 문제로 교회가 어지러울 때 "사도와 장로들이 이 일을 의논하러 모여"(행 15:6) 할례 문제를 종결짓습니다. 무엇보다도 사도 바울이 사도행전 20장에서 에베소 장로들을 불러 "여러분"이라고 수차례 언급하면서 한 사람이 아닌 '여러분들의 모임'인 장로들의 '회'(會)를 통해 교회를 다스리게 하였습니다. 이처럼 성경은 한결같이 회의를 통해서 교회를 다스릴 것을 명령합니다.

그런데 회의를 통해서 다스린다고 할 때 주의할 것이 있습니다. 그것은 이 회의가 사람들의 회의가 아닌 하나님의 뜻을 밝히고 분별해야 한다는 것입니다. 따라서 회의는 대의적 형태를 띠고 있지만 실질은 말씀을 맡은 직분자가 회원으로 참석합니다. 하나님의 뜻을 밝히는 하나님의 회의입니다. 사도행전 20:28에서 사도 바울은 에베소 장로(지금의 목사와 장로)들에게 다음과 같이 말씀합니다.

> 여러분을 감독자로 삼고 하나님이 자기 피로 사신 교회를 보살피게 하셨느니라(행 20:28).

하나님이 장로와 목사를 감독자(overseer)로 삼고 자신의 교회를 보살피게 하셨습니다. 그리고 이런 다스림과 보살핌은 사도행전 20:31에 나온 대로 바울이 저들에게 위임한 하나님의 말씀으로 다스리고 보살피는 것입니다.

> 그러므로 여러분이 일깨어 내가 삼 년이나 밤낮 쉬지 않고 눈물로 각 사람을 훈계하던 것을 기억하라 (행 28:31).

따라서 교회 회의는 사람의 지혜를 모으는 것이 아니라 말씀을 바르게 분별하고 이를 바탕으로 여러 현안을 결정합니다. 말씀을 맡은 직분자가 여기에 수종들고 교회는 이를 위해 함께 기도해야 합니다.

2. 회의를 통해 하나의 교회(공교회)를 세우시는 하나님

그럼 이제 교회 회의에 대해 구체적으로 생각해 봅시다.

교회에서 가장한 중요한 회의는 당회입니다. 이는 상설회로 지역 교회의 목사님과 장로님이 정기적으로 모여 교회적 사안에 대해 판단하고 결정합니다. 쉽게 말하면 우리가 섬기는 개별 지역 교회 모든 문제들은 당회를 통해 결정하고 판단합니다.

상설회인 당회와 달리 임시회인 대회와 공회의를 통해서 역시 하나님은 교회적 문제를 판단하고 결정하게 하십니다. 개별 지역 교회의 범위를 넘어 여러 지역 교회들의 회의체인 '대회와 공회의'를 하나님께서 구성하십니다. 이는 소극적으로 지역 교회가 감당하지 못할 문제가 있음을 의미합니다. 어려운 교리적, 신학적 문제, 또 함께 지혜를 모아야 할 여러 가지 교회법적인 문제가 있습니다.

하지만 보다 큰 이유는 지역 교회는 개별교회로 존재하는 것이 아니라 하나의 공교회로 존재하기 때문입니다. 공교회라는 것은 정통 교회라는 뜻으로 말씀, 성례, 권징이라는 교회의 표지를 갖춘 예수께서 세우신 교회입니다.

그런데 예수께서 교회를 세우실 때 여러 교회를 세운 것이 아니라 단 하나의 교회만을 세웠습니다. 마태복음 16:18에서 예수께서 베드로에게 "이 반석 위에 내 교회를 세우리니"라고 말씀하실 때 교회가 단수로 되어 있습니다. '교회들'이 아니라 '교회'입니다. 이런 예수의 말씀대로 사도들도 단 하나의 교회를 세웠습니다.

고린도전서 1:1에서 "고린도에 있는 하나님의 교회"라고 말씀합니다. 고린도 지역은 넓은 지역이기에 여러 교회들이 있었음이 분명하지만 사도 바울은 '교회'라는 단수를 씀으로써 단 하나의 교회를 염두에 둠을 알 수 있습니다. 비록 지역에 따라 대전언약교회, 서울교회, 대구교회, 광주교회 등등으로 나타날 수 있지만 결국 이 교회들은 공통의 말씀과 성례와 권징으로 예수의 단일성을 함께 드러내는 하나의 교회입니다.

그렇기 때문에 한 교회의 문제는 단지 그 교회만의 문제일 수가 없습니다. 따라서 여러 교회가 회의체를 구성하여 한 교회의 문제를 자기 문제로 알고, 한 하나님 아래, 한 신앙고백 아래 신중하게 문제를 해결해야 합니다. 그래서 실제로 사도 바울이 골로새서 4:16에서 다음과 같이 말씀합니다.

> 이 편지를 너희에게서 읽은 후에 라오디게아인의 교회에서도 읽게 하고 또 라오디게아로부터 오는 편지를 너희도 읽으라(골 4:16).

바울이 쓴 편지(설교)는 골로새교회뿐 아니라 라오디게아교회에게도 유효한 편지입니다. 왜냐하면 골로새교회나 라오디게아교회는 하나의 교회이기 때문입니다. 따라서 교회들의 회의는 아주 중요합니다. 웨스트민스터 신앙고백서 31.1은 다음과 같이 고백합니다.

> 개체교회의 감독자와 직분자들은 … 이런 회의를 소집하고, 교회의 유익을 위하여 마땅하다고 판단될 때마다 회의에 참석해야 한다(31.1).

단지 선택 사항이 아니라 교회의 목사님, 장로님은 책임감 있게 노회나 총회 등에 참석해서 이웃 교회의 문제를 자기 교회의 문제인 줄 알고 진지하게 참여해야 합니다.

또 성도들도 이런 공교회적 모임에 성실히 참석해야 합니다. 성도들 대부분은 아직 직분자가 아니기 때문에 회의에 참여하지 못하지만, 공교회성을 확인하는 교단의 각종 수련회, 연합적인 모임 등에 성실한 마음으로 참석해야 합니다. 또한 중고등부, 청년등이 교단적으로 모이는 수련회가 있다면 함께 모여서 전국에 흩어진 많은 교회가 한 고백 아래 있는 한 교회라는 것을 확인하여야 합니다.

그래서 각종 모임과 집회에서 설교나 특강을 여러 교회가 함께 듣는 것은 교회의 하나 됨을 알려 주는 아주 중요한 표지입니다. 비록 여러 지역에 흩어져 있지만 각 지역 교회에서 선포된 말씀이 한 고백 아래의 동일한 말씀이라는 것을 수련회의 설교를 통해서 확인합니다. 이렇듯 공교회성을 교회들의 연합 모임에 성실히 참석함으로 확인해 가고 누려야 합니다. 그럴 때 성도들은 대회나 공회 같은 교회들의 회의들을 아주 소중히 여기게 되고 직분자들은 특히 이를 더욱 귀히 여기게 될 것입니다.

3. 회의를 통해 자신의 협의를 드러내신 하나님

이렇게 하나님께서 교회 회의를 통해 교회의 여러 가지 사안을 결정하게 하시는 이유는 바로 웨스트민스터 신앙고백서 31.1에서 고백한 대로 "보다 나은 치리와 교회를 더 잘 세우기 위해서"입니다. 당회를 비롯한 대회나 공회의는 지역 교회를 섬기기 위한 방편입니다.

그렇다면 여기서 한 가지 근본적인 질문을 해 봅시다.

왜 하나님은 회의를 통해서 지역 교회를 세우려고 하실까요?

로마 가톨릭교회처럼 감독정치를 하는 경우는 감독이라는 한 명의 목사가 모든 것을 결정하고, 또 회중교회는 교회의 성도들이 다수결로 결정하는 회중정치체제를 갖고 있습니다.

왜 굳이 장로정치제도, 장로들의 회의를 통해서 지역 교회를 세우려고 할까요?

그것은 바로 삼위일체 하나님이 회의하셨기 때문입니다. 에베소서 1:11에서 하나님은 우리의 구원을 "그의 뜻의 결정대로 일하신다"고 말씀합니다.

> 모든 일을 그의 뜻의 결정대로 일하시는 이의 계획을 따라
> 우리가 예정을 입어 그 안에서 기업이 되었으니(엡 1:11).

여기서 "결정"이라는 단어는 원어로 '협의'(協議, counsel)인데, 함께 의논함을 의미합니다. 삼위 하나님은 우리의 구원을 영원에서 협의하셨습니다. 한 원탁에 성부, 성자, 성령이 둘러 앉아 우리의 구원을 함께 협의하셨고 그 협의를 창조와 섭리로 이루어 가십니다. 곧 성부, 성자, 성령은 어느 누구도 소외됨 없이 그리고 한 뜻으로 우리의 구원을 협의하십니다. 그래서 에베소서 1:11은 '결정(협의)들'이 아닌 '결정(협의)'으로 단수입니다. 삼위 하나님 세 분이 구원을 이루시지만 우리 편에서는 한 분 하나님의 사역으로 느낍니다.

이런 삼위 하나님의 완벽한 협의를 삼위일체 하나님은 교회 회의에 투영시키셨습니다. 세 분께서 협의하심으로 구원을 완벽하게 이루시듯이 교회 역시 회의를 통해 삼위 하나님의 협의를 멋지게 드러냅니다. 삼위는 서로 구별된 위격(인격)으로 계시지만 일체를 이루심으로 우리의 구원을 이루시듯이 직분자들은 성향, 출신, 생각 등이 다르지만 삼위일체 하나님이 주신 교회를 향한 한 마음, 성도를 향한 한 마음, 한 말씀, 한 고백을 회의를 통해 드러냄으로 교회의 구원을 멋지게 이루어갑니다.

교회 회의는 삼위일체 하나님의 삼위성과 일체성이 가장 극명하게 드러나는 곳입니다. 직분자는 회의를 통해 교회를 향한 하나님의 한 마음을 온 교회에 시위합니다. 또한 교회는 교회 회의를 보면서 직분자의 하나 됨을 확인하고 나아가 하나님의 한 분이심, 우리의 구원을 위해 이렇게 부지런히 일하시는 한 분 하나님을 눈으로 확인합니다.

이 얼마나 감격스럽습니까!

정말 다른 사람들이 복음으로 하나될 수 있다니요!

교회 회의를 할 때마다 이런 벅찬 감격에 휘감깁니다!

교회 회의는 단지 인간의 지혜가 아닌 삼위일체 하나님의 현현(나타남)의 자리입니다. 따라서 우리는 구원의 생생한 현장, 하나님의 한 분이심이 시위되는 현장인 교회 회의를 위해 기도해야 합니다. 교회에서 당회로 모일 때마다 직분자들이 말씀으로 한마음이 될 수 있도록 기도해야 하며, 대회나 공의회, 곧 노회나 총회 같은 회의를 통해서도 역시 하나님의 한 분이심이 선명하게 드러나 교회를 반듯하게 세우길 기도해야 합니다.

우리의 구원을 위해 이토록 아름다운 교회 회의를 주신 삼위일체 하나님을 송영합니다. 아멘!

제24장

사람의 사후 상태와 죽은 자들의 부활
(웨신 32장)

"마라나타, 다시 오실 예수 그리스도를 송영합니다!"

　여기까지 웨스트민스터 신앙고백서를 공부한다는 것은 쉽지 않은 일입니다. 하지만 본서를 통해 첫 걸음을 내딛었지만, 이미 교리에 대해 많은 것을 배웠습니다. 이제 배운 교리를 삶에서 살아 내야 하는 더 큰 일이 남았습니다.

　본서 제1장에서 말씀드린 대로 교리는 말씀에 기초하고 있기 때문에 교리를 배우고 실천하는 것은 말씀을 배우고 실천하는 것과 같습니다. 또한 교리의 삶은 송영의 삶입니다. 송영은 하나님을 찬송하는 것인데, 그 찬송이 너무 커져서 나는 없어지고 하나님만 나타나는 것이 송영입니다. 교리를 통해 삼위일체 하나님을 알아갈 수록 하나님의 은혜와 사랑을 더욱 찬송하고 그 하나님만이 여러분들의 전부가 되길 소망합니다.

　본 장에서는 웨스트민스터 신앙고백서 32장 "사람의 사후 상태와 죽은 자들의 부활"과 33장 "마지막 심판"을 통해 삼위일체 하나님을 송영하도록 하겠습니다.

1. 마지막 남은 약속

하나님의 구속 약속은 아담과 여자의 타락 직후, 곧장 시작되었습니다. 창세기 3:15에 하나님은 여자의 후손을 약속하시며 그 약속을 성취하기 위한 구속 역사는 시작하셨습니다.

가인이 아벨을 죽임으로 약속이 위협받을 때도, 온 인류가 육체가 되어 하나님이 한탄하고 근심할 때도(창 6:6, "땅 위에 사람 지으셨음을 한탄하사 마음에 근심하시고"), 아브라함과 사라가 불임인 경우에도, 이스라엘이 금송아지로 하나님을 떠났을 때도, 또 하나님과 바알 사이에 머뭇머뭇 거릴 때도(왕상 18:21, "엘리야가 모든 백성에게 가까이 나아가 이르되 너희가 어느 때까지 둘 사이에서 머뭇머뭇 하려느냐 여호와가 만일 하나님이면 그를 따르고 바알이 만일 하나님이면 그를 따를지니라"), 하나님은 자신의 약속을 거두지 않으시고 그 약속을 위해 성실하게 일하십니다.

그리고 마침내 약속하신 여자의 후손을 마리아의 태를 통해 이 땅에 보내셨습니다. 마리아의 태를 통해 이 땅에 오신 예수 그리스도는 하나님의 약속을 십자가와 부활을 통해 이루셨습니다. 성경대로 그리스도께서 우리 죄를 위하여 죽으시고, 성경대로 사흘 만에 다시 살아나셨습니다(고전15:3-4). 하나님의 약속은 얼마든지 그리스도 예수 안에서 예가 되어 우리는 예수 그리스도를 통해 하나님께 "아멘" 하여 영광을 돌립니다.

> 하나님의 약속은 얼마든지 그리스도 안에서 예가 되니 그런즉 그로 말미암아 우리가 아멘 하여 하나님께 영광을 돌리게 되느니라(고전 1:20).

이렇듯 우리 하나님은 당신의 구속 약속을 그리스도 안에서 완전히 성취하였습니다. 하지만 아직 한 가지 남아 있는 약속이 있습니다. 바로 그리스도의 재림입니다. 예수께서 승천하시던 그 때, 천사를 통해 다음과 같이 말씀하셨습니다.

하늘로 가심을 본 그대로 오시리라(행 1:11; 참조, 계 22:20).

십자가와 부활로써 구속 약속을 이루신 예수 그리스도는 이제 재림이라는 단 하나의 약속을 남겨 두시고 이 약속을 이루시기 위해 지금도 성실히 자신의 성령을 통해 목양하십니다. 바로 이 마지막 성취를 위해 구속사는 오늘도 멈추지 않고 달려가고 있습니다.

2. 신자의 죽음과 예수의 재림(종말)

1) 개인적 종말

재림을 향해 구속 역사가 힘차게 달려가는 가운데 신자는 두 가지 종말을 맞게 됩니다.
첫째, 개인적 종말인 죽음입니다.
둘째, 우주적 종말인 예수 그리스도의 재림입니다.
이를 웨스트민스터 신앙고백서 32장에서는 "사람의 사후 상태와 죽은 자들의 부활"이라는 제목으로, 33장에서는 "마지막 심판"이라는 제목으로 고백합니다.
먼저 신자는 하나님이 부르시는 그때 죽음을 맞이하게 됩니다. 그리하여 몸과 영혼이 분리되어 몸은 썩어 티끌로 돌아가고, 영혼은 하나님께로 즉각 돌아갑니다. 반면 불신자의 경우 육체는 동일하게 티끌로 돌아가지만 영혼은 지옥에 던져져 극심한 고통 가운데 심판의 날까지 거합니다.
그런데 여기서 주의할 것이 있습니다. 웨스트민스터 신앙고백서 32.1에 나오듯이 영혼과 육체가 분리되는 즉시 영혼을 위해서는 두 장소, 곧 하나님(천국)과 지옥 외에는 다른 곳이 없습니다.

로마 가톨릭교회에서는 연옥이라는 곳이 있다 하여 천국과 지옥 이외의 다른 장소를 만들어 내는데 이것은 거짓된 이론입니다. 연옥은 가장자리(edge)라는 뜻인데, 로마 가톨릭교회는 연옥이 천국과 지옥 사이의 정화의 공간이라고 주장합니다.

로마 가톨릭교회는 고린도전서 3:13 이하의 말씀에 근거해 사람이 죽으면 천국과 지옥으로 바로 가는 것이 아니라 공적을 테스트하는 공간, 곧 정화의 공간의 거치고 난 후에 천국에 간다고 주장합니다. 그리고 그 이유에 대해 주장하기를, 신자가 세상에서 지은 가벼운 죄나 여전히 대가를 치르지(보속) 못한 죄에 대한 벌이 있기에 이를 깨끗이 정화(보속)해야 천국에 갈 수 있기 때문이라고 합니다.

그뿐만 아니라 로마 가톨릭교회는 이 땅에 남아 있는 사람들이 이 연옥에 있는 사람들의 정화를 위해 대신 보속할 수 있다고 가르칩니다. 그래서 선량한 사람들은 성지순례를 하고, 성자의 유물 등을 보고 만지며, 면죄부를 사기만 하면 죽은 자가 천국에 갈 수 있다는 종교적 미신 행위에 집착하게 됩니다.

이런 거짓 가르침은 사람들을 참된 믿음과 성경에서 떨어지게 하는 큰 죄를 짓게 합니다. 히브리서 9:27은 다음과 같이 말씀합니다.

> 한 번 죽는 것은 사람에게 정하신 것이요 그 후에는 심판이 있으리니 (히 9:27).

죽고 난 후에 천국과 지옥에 관한 심판이 있을 뿐이지 심판을 유보하는 공간인 연옥에 대해서 어떠한 말씀도 성경에는 없습니다. 누가복음 16:19 이하의 부자와 거지 나사로에 대한 말씀에서 예수께서도 나사로가 죽는 즉시 아브라함 품이라는 천국에 가고, 부자는 음부에서 고통을 받고 있음을 말씀합니다. 연옥에 대한 여지를 조금도 남겨 두지 않습니다. 이렇듯 연옥이라는 공간은 전혀 근거가 없습니다.

오히려 연옥 교리는 이 땅에서 삶을 나타하게 만들며 또 남겨진 사람들에게 감당하지 못할 무거운 짐을 지우고, 동시에 천국을 인간의 노력하에 둠으로써 하나님의 손에 있는 구원을 억지로 빼앗는 극악한 신성모독이며 범죄입니다.

이런 극악한 범죄는 실제 성경에서 기원하는 것이 아니라 교회의 욕심에서 기원합니다. 교회는 마땅히 하나님의 말씀을 조명하고 또 그 말씀 아래 복종해야 하는데, 그렇지 않고 자신의 욕심을 채우고자 할 때 말씀, 성례, 기도라는 은혜의 방편을 자신의 수중에 넣어 교회를 은혜의 수여자로 둔갑시킵니다. 교회는 성령께서 사용하시는 은혜의 마당 일 뿐입니다. 성령께서 교회 가운데 사역하시도록 겸손히 자신을 내어드리는 것이 교회인데, 교회의 욕심, 직분자의 욕심이 방편들을 잡아먹고, 그리하여 하나님까지도 잡아먹어 비참한 결과를 초래했습니다. 이처럼 사람의 죽음을 생각할 때 마땅히 생각해야 될 것, 그 이상을 생각하지 품지 않도록 해야 합니다(롬 12:3).

신자의 죽음으로 신자는 개인적 종말을 맞이합니다. 그러나 이것은 좀더 정확하게 말하면 중간상태라고 말하는 것이 좋을 듯합니다. 왜냐하면 예수의 재림이 종말이요, 요한계시록 6:10에 보면 죽은 신자 역시 여전히 그리스도의 구속 사역에 참여하고 있기 때문입니다. 진정한 종말은 바로 그리스도의 재림입니다.

2) 우주적 종말

그렇다면 그리스도의 재림, 종말이 갖는 의미는 무엇입니까?
그 의미는 바로 완성입니다. 우리가 종말을 생각하면 역사 끝에 일어날 신비한 것들만 생각하는 경향이 있습니다. 천년왕국, 666, 휴거 등의 일련의 신비한 현상들에만 초점을 맞춥니다.

하지만 종말은 이미 태초부터 시작 되었습니다. 하나님은 역사를 시작할 때부터 종말을 염두에 두고 계셨습니다. 이것은 아담과 여자의 원죄보다 더 근원적인 일입니다. 하나님은 온 세상을 창조하실 때, 아니 영원에서 작정하실 때부터 예수의 재림을 통한 구속 역사의 완성, 곧 종말을 염두에 두고 계셨습니다. 창조는 처음부터 그대로 놓인 자연 또는 목표없이 흘러가는 시간의 연속성이 아니라 종말이라는 목표를 향해 달려가는 하나님의 주권적인 역사입니다. 섭리 역시 종말을 향해 달려가고 있습니다.

그리고 창조와 섭리의 핵심은 사람의 구속입니다. 아담과 여자의 타락을 하나님은 방임하지 않으시고 여자의 후손을 통해 복음을 약속하시고 그 복음은 마침내 그리스도를 통해 이루셨습니다. 그리고 그리스도는 부활 승천하신 후 다시 오심으로써 모든 구속을 마침내 완성하실 것입니다.

바로 이 일관된 목표, 즉 우리의 구속, 궁극적으로 참된 언약의 회복이라는 일관된 목표가 종말의 최종적인 목표입니다. 농부가 씨를 뿌릴 때 이미 가을의 풍성한 열매를 염두에 두고 있는 것처럼 자신이 원하는 열매를 맺으시는 가장 능하신 농부이신 하나님이 이미 창조 때에 종말, 완성을 염두에 두고 자신의 구속 역사를 펼쳐 오셨습니다. 따라서 성경과 웨스트민스터 신앙고백서에 나타난 모든 주제들, 즉 기독론, 교회론, 신자의 구원 등 모든 것은 어찌 보면 종말 아래 있다고 할 수 있습니다. 왜냐하면 이 모든 것이 궁극적으로 완성, 종말을 목표로 하고 있기 때문입니다.

따라서 종말은 우리에게 가장 큰 위로입니다. 웨스트민스터 신앙고백서 33장 "마지막 심판"이라는 제목이 알려 주듯이 이 심판은 단지 형벌만을 말씀하는 것이 아니라 바로 하나님의 구속 역사의 완성을 의미하며, 신자에게는 말할 수 없는 위로를 의미합니다. 왜냐하면 하나님이 우리의 모든 눈물을 닦아 주시며, 우리를 하나님의 완전한 형상으로 회복시켜 지금처럼 희미한 것이 아니라 그리스도와 대면하는 완전한 완성을 이루시기 때문입니다(고전 13:21). 따라서 신자는 마지막 심판, 종말에서 완성한 하나님의 형상, 그리고 언약으로 가장 큰 위로를 받을 것입니다.

그래서 초대교회 때부터 그리스도의 재림은 성도들의 가장 큰 위로와 관심 사안이었습니다. 고린도전서 16:22에 "우리 주여 오시옵소서"라고 하는데, 이것은 '마라나타'라는 아람어입니다. 헬라어로 편지를 적다가 유독 이 단어만 '마라나타'라는 아람어를 적습니다. 아람어는 예루살렘교회가 쓴 언어인데, 예수께서 승천하신 후 직후부터 예루살렘교회에서부터 오고 오는 모든 교회는 예수의 다시 오심을 고대하고 있었습니다. 재림, 곧 종말은 기독교회의 핵심이며 교회를 견인하는 힘이었습니다.

신자는 종말이 있기에, 그리고 자기 죄를 벗고 완전한 하나님의 형상으로 회복되어 완전한 교제로 들어감이 있기에 이 눈물 골짜기 같은 세상에서도 힘을 내면서 살아갑니다.

사랑하는 여러분!

눈물골짜기와 같은 여정에서 종말을 기억하십시오. 그리스도께서 다시 오셔서 우리를 자신과 같은 형상으로 만들어 주실 것입니다. 종말의 영이신 성령 그리고 종말 공동체인 교회와 함께 '마라나타'라는 깊은 송영을 올려드립시다.

마라나타!
아멘 주 예수여 오시옵소서!(계 22:20)

부록

웨스트민스터 신앙고백서 설교[1]

---

[1] 필자가 교회에서 선포한 웨스트민스터 신앙고백서 설교 몇 편을 싣습니다. 부족한 설교이지만 교회에 큰 유익이 있길 바랍니다.

1

모든 성경은 하나님의 감동으로 된 것이니

> **설교 본문**: 디모데후서 3:16; 베드로후서 1:21; 고린도전서 2:10
> **웨스트민스터 신앙고백서**: 1장 "성경"

사랑하는 성도 여러분!
주 안에서 평안하셨습니까?
하나님이 저희 교회의 기초를 든든히 세우기 위해 출발할 때부터 선포하게 하신 교리 설교를 지금까지 멈추지 않게 하신 것에 감사합니다. 특히 2주 전부터 시작한 웨스트민스터 신앙고백서를 통해 더욱 장로교회다운 모습을 갖추어 가게 하신 것에 감사합니다. 오늘도 함께 교리를 배움으로 말씀을 배우고 교회를 세워갑시다.
지난 주일에 하나님은 저희 교회에 성경의 절대적 필요성에 대해서 알려 주셨습니다. 성경이 절대적으로 필요한 이유는 두 가지입니다.

첫째, 성경은 계시의 기록이기 때문입니다.
계시란 하나님이 알려 주시지 않으면 알 수 없는 것입니다. 자연과 역사를 통해서 선포하시는 일반계시, 이적과 기적 그리고 선지자나 사도들을 통해 선포되는 말씀인 특별계시가 있습니다. 전자는 하나님의 능력과 신성을 알려 주고, 후자는 일반계시에서 알려 주는 능력과 신성뿐 아니라 우리의 죄, 그리스도의 대속, 구원 그리고 삼위일체 하나님에 대한 것을 알려 줍니다.

일반계시와 특별계시의 역할은 차이가 있지만 목표는 동일합니다. 둘 다 하나님을 알리시기 위함입니다. 하나님이 자신을 보여 주시는 이유는 단 하나, 즉 교제, 언약을 위해서입니다. 특별계시는 언약을 만들어 내고 또한 찬양하게 합니다. 일반계시는 언약을 만들지는 못하지만 특별계시에 의해 만들어진 언약 안에서 하나님을 찬양합니다. 역할은 다르지만 하나의 계시, 한 언약 안에서 하나님을 찬양하는 것이 목적입니다. 바로 이 특별계시가 오직 성경에 기록되었기 때문에 성경은 절대적으로 필요합니다.

둘째, 성경이 절대적으로 필요한 이유는 이제는 계시가 종결되었기 때문입니다.
요한계시록 22:18-19의 말씀대로 누구든지 이 두루마리에 기록된 말씀을 제거하거나 더할 수 없습니다. 왜냐하면 하나님은 요한계시록을 마지막으로 계시의 말씀을 종결시켰기 때문입니다. 즉 계시 역사는 종결되었습니다. 더 이상의 계시는 없고 오직 성경을 통한, 성경에 기록된 계시를 설교를 통해 조명할 뿐입니다. 그렇기 때문에 성경은 절대적으로 필요하게 되었습니다.

이렇게 기록된 특별계시인 성경은 진리를 보다 효과적으로 전달합니다. 예레미야 36장에서 말씀한 대로 예레미야가 비록 잡혔지만 기록된 하나님의 말씀은 백성을 넘어서 신하들에게 그리고 예레미야를 감옥에 가둔 왕에게까지 전달되어 하나님의 복음을 전하였습니다. 곧 기록된 성경은 사람이 가지 못하는 곳까지 들어갑니다. 산간 오지도 들어갈 뿐 아니라 성경을 읽는 사람의 마음에까지 침투하여 생생한 그리스도의 복음을 전합니다.

또한 기록된 성경은 진리를 잘 보존합니다. 느헤미야 8장에 보면 초막절에 사람들이 에스라를 불러 초막절을 지킵니다. 그리고 에스라는 이스라엘에게 하나님의 말씀을 전합니다. 느헤미야 8:1에 "모세 율법책 가져오기를 청하며," 8:3에 "뭇 백성이 그 율법책에 귀를 기울였는데," 8:5에 "에스라가 모든 백성 위에 서서 그들 목전에 책을 펴니, 책을 펼 때 모든 백성이 일어서니라," 8:8에 "그들에게 율법책을 깨닫게 하였는데"라는 말씀을 볼 때 가장 뛰어난 말씀 사역자인 에스라도 율법책에 의존한 말씀을 선포하였습니다.

왜냐하면 율법을 바탕으로 설교하는 것이 가장 안전한 설교 방법이기 때문입니다. 이적이나 신비한 방편이 여전히 있던 구약시대임에도 진리를 가장 잘 보존하는 것은 율법, 곧 모세오경인 성경입니다. 제비뽑기, 수많은 이적 등이 있던 구약시대에서도 기록된 말씀인 성경은 가장 독보적인 하나님의 계시(말씀)입니다.

계시가 중단되었고, 그 계시가 성경에 기록되어 있으므로 성경은 절대 필수불가결합니다. 우리는 성경을 통해서만 하나님과 관계를 맺고 또한 그 하나님을 찬양할 수 있습니다. 성경만이 우리의 죄를 바르게 지적하고 회개하게 하며 예수 그리스도를 믿게 합니다. 그리고 그 믿음으로 우리는 하나님을 찬양할 수 있습니다.

사랑하는 성도 여러분!

우리에겐 오직 성경밖에 없습니다.

성경이 우리의 삶의, 그리고 교회의 중심이 되도록 기도합시다.

하나님 중심, 성경 중심, 교회 중심을 잊지 마시길 바랍니다.

1. 성경의 권위

사랑하는 성도 여러분!

오늘 선포할 말씀은 성경의 권위입니다.

곧 성경이 어떻게 성경인가, 성경이 어떻게 신앙과 생활의 유일한 표준인가, 성경이 어떻게 하나님의 말씀으로서 권위를 갖는가에 대한 것입니다. 성경은 하나님의 계시의 기록이기 때문에 권위가 있습니다. 믿는 자는 누구나 고백합니다.

그러나 사탄은 이런 자연스러운 생각을 거부하고 성경을 하나님의 말씀으로 인정하지 않습니다. '성경은 인간이 기록한 문서에 불과하다,' '경건한 사람이 기록한 경건서적에 불과하다'고 주장합니다. 혹 성경에는 하나님의 말씀이 부분적으로 포함되어 있거나 우리가 읽을 때 어떤 감동(?)이 올 때만 하나님의 말씀이라고 합니다. 이렇게 수많은 혼잡한 생각과 사상을 가지고 성경의 권위를 부인하는 것이 고대로부터 그리고 지금까지 있어 왔습니다.

그런데 이런 악한 생각의 핵심은 두 가지 측면에서 기인합니다.

첫째, 기록의 주체가 인간이기 때문입니다.

실제 성경은 인간 저자들이 기록했습니다. 모세오경은 모세가 기록했고, 시편은 다윗 등이, 선지서들은 선지자들이, 마태복음은 마태가, 로마서는 바울이 기록했습니다. 바로 인간이 기록했기 때문에 성경에 모순과 오류가 있을 수 있다고 주장합니다.

둘째, 기록하는 방식에 있어서 사람이 성경을 아무런 감흥 없이 기록하는 것이 아니라 영감을 받아 기록했는데 그 영감은 예술가들이 말하는 영감이라고 이해되곤 합니다.

즉 성경을 기록하게 된 동기는 종교적 감흥에서 오는 영감이라고 주장합니다. 그렇기 때문에 그 영감은 객관적인 하나님의 말씀이 아닌 인간의 자기 감정의 표현이라고 주장합니다.

그렇기 때문에 성경은 충분히 오류가 있을 수 있고, 사상적인 부분만 영감된 일종의 경건 서적이라고 주장합니다. 따라서 성경은 신앙과 생활의 유일한 법칙이 아니라고 주장합니다. 위대한 신앙인의 전기와 같은 그런 영향력이 있을 뿐이지 성경에 있는 말씀을 반드시 따라야 한다고 주장하지 않습니다.

바로 이런 주장은 종교개혁 당시의 인문주의에 영향을 받은 사람들 사이에서 일어났습니다. 그리고 신학이 철학의 옷을 입으면서, 개신교 정통시대에 그런 주장이 일어나서 지금까지 아주 막강하게 영향력을 펼치고 있습니다. 곧 자유주의 신학자들이나 자유로운 사상을 가진 사람은 성경이 하나님의 온전한 말씀이라는 것을 인정하지 않습니다.

그럴 뿐 아니라 우리 역시도 가끔 성경이 어떻게 하나님이 말씀인지에 대해 의심하고, 초자연적인 이적을 볼 때, 또 역사적 사실에 오류가 있는 것처럼 보일 때, 성경에 대해 의구심이 들기도 합니다.

이 다양한 질문, 성경의 권위에 대한 질문에 대하여 웨스트민스터 신앙고백서 1.3-5이 고백하고 있습니다. 신앙고백서와 말씀을 바탕으로 성경의 권위에 대해 선포하겠습니다.

1) 신구약에 기록된 성경의 권위

성경이 하나님의 말씀이라는 것은 성경 자체에서 이미 증거하고 있습니다.

> 베냐민 땅 아나돗의 제사장들 중 힐기야의 아들 예레미야의 말이라 아몬의 아들 유다 왕 요시야가 다스린 지 십삼 년에 여호와의 말씀이

예레미야에게 임하였고(렘 1:1-2).

곧 예레미야라는 성경은 예레미야가 기록한 것이 맞지만 이것은 단순히 예레미야의 말이 아니라 바로 하나님의 말씀이라고 합니다. 곧 여호와의 말씀이 예레미야에게 임하였고 그 말씀을 예레미야가 받아 기록한 것이라고 말씀합니다. 이외에서 구약성경에 종종 "여호와의 말씀이 임하여 이르시되," "여호와께서 이르시되" 등의 말씀이 등장하는데, 이런 모든 것은 성경은 하나님 말씀의 기록이라는 것을 알려 줍니다. 특히 기록된 말씀인 성경이 구약부터 권위가 있다는 것은 위에서 선포한 느헤미야 8장의 에스라의 말씀 선포에서 알 수 있습니다. 에스라는 구약에서 가장 뛰어난 하나님의 말씀을 전하는 자입니다.

그런데 그 에스라가 의지하는 것은 무엇입니까?

바로 기록된 하나님의 말씀인 성경입니다. 여전히 계시가 직접적으로 내려지던 시절에도 하나님의 말씀인 성경을 의지해서 말씀을 전하였습니다. 그래서 아주 특이하게 에스라 앞에 '학사'라는 수식어가 붙었는데, 이는 가장 뛰어난 율법학자라는 뜻입니다. 곧 에스라는 성경을 해석하고 설교하는데 가장 뛰어난 자라는 것입니다. 성경은 이미 구약에서부터 그 권위를 인정받고 있었습니다.

그러나 무엇보다도 이런 성경의 권위를 확증하신 분은 바로 예수 그리스도이십니다. 예수께서는 공생애 기간 동안에 자신의 사역은 성경을 성취하는 것이라고 말씀하십니다.

내가 만일 그렇게 하면 이런 일이 있으리라 한 성경이 어떻게 이루어지겠느냐 하시더라(마 26:54).

그러나 이는 성경을 이루려 함이니라 하시더라(막 14:49).

또한 자신의 십자가와 부활도 역시 성경을 가지고 증거합니다.

> 이에 모세와 모든 선지자의 글로 시작하여 모든 성경에 쓴 바 자기에 관한 것을 자세히 설명하시니라(눅 24:27).

> 모세의 율법과 선지자의 글과 시편에 나를 가리켜 기록된 모든 것이 이루어져야 하리라 한 말이 이것이라(눅 24:44).

이처럼 예수께서는 자신이 하나님이심에도 성경 아래에 자신을 겸손히 두면서 성경의 절대성과 권위를 고백하십니다.

이런 성경의 권위는 신약성경에서도 마찬가지입니다. 베드로후서 3:15-16에서 다음과 같이 말씀하십니다.

> 형제 바울도 그 받은 지혜대로 너희에게 이같이 썼고 또 그 모든 편지에도 이런 일에 관하여 말하였으되 그 중에 알기 어려운 것이 더러 있으니 무식한 자들과 굳세지 못한 자들이 다른 성경과 같이 그것도 억지로 풀다가 스스로 멸망에 이르느니라(벧후 3:15-16).

베드로가 바울의 편지를 말씀합니다. 바울의 편지가 어려우니 자의적으로 함부로 해석하지 말라고 말씀합니다. 그러면서 바울 편지를 "다른 성경"과 비교합니다. 이 "다른 성경"은 아마 구약을 지칭하는 것 같은데, 바로 정경성이 확보된 구약성경과 바울의 편지를 동일하게 대우하고 있습니다. 곧 바울의 편지는 성경이라는 것을 말씀합니다.

그리고 무엇보다도 요한계시록 22:18-19은 성경 66권의 권위를 아주 명확하게 선포하고 있습니다. 누구든지 성경에 더하거나 빼거나 할 수 없다고 말씀하는데, 이것은 성경의 권위가 절대적이라는 것을 말씀하고 있습니다.

바로 여기서 '수납'(received)이라는 아주 중요한 교회적 고백이 나옵니다. 곧 성경은 성령의 감동으로 기록된 것이기 때문에 기록 즉시 교회에서 성경으로 인정되었습니다. 교회는 바울의 편지를 단지 사람의 편지로만 여기는 것이 아니라 바로 하나님의 말씀으로 수납하였습니다. 그래서 고린도전서 14:29에 "예언하는 자는 둘이나 셋이나 말하고 다른 이들은 분별할 것이요"라고 말씀하는데 예언의 '분별' 기준은 바로 사도 바울의 말씀입니다. 고린도전서라는 편지 자체가 예언을 검증하는 수단이며 사도 바울의 여러 편지가 검증의 기준입니다. 이처럼 사도 바울의 편지가 하나님의 말씀으로 이미 교회 가운데 쓰이고 있음을 알 수 있습니다.

이렇게 성경은 이미 스스로 신구약 66권 모두가 권위 있는 하나님의 말씀이라는 것을 증거합니다. 성경은 단지 인간의 종교적 감정을 기록한 것이 아니라 바로 하나님의 말씀임을, 신자의 신앙과 생활의 유일한 표준으로서 권위가 있음을 말씀하고 있습니다.

2) 하나님이 친히 기록하심

성도 여러분!
성경이 이렇게 하나님의 말씀으로서 권위를 가지고 있습니다.
그렇다면 어떻게 성경은 이런 권위를 가지고 있을까요?

> 하나님이 이르셨으되 네 부모를 공경하라 하시고 또 아버지나 어머니를 비방하는 자는 반드시 죽임을 당하리라 하셨거늘 (마 15:4).

> 그러므로 성령이 이르신 바와 같이 오늘 너희가 그의 음성을 듣거든 (히 3:7).

성경이 권위를 가지는 가장 중요한 이유는 바로 성경의 저자가 하나님이시기 때문입니다. 비록 사람이 기록을 했지만 근본적인 저자는 하나님이십니다.

마태복음 15:4에서 예수께서 구약성경 출애굽기 20장과 신명기 5장에 나타난 십계명 중 다섯째 계명인 "네 부모를 공경하라"와 출애굽기 21:17, 레위기 20:19의 "아버지나 어머니를 비방하는 자는 반드시 죽임을 당하리라"의 두 말씀을 인용하셨습니다. 그런데 출애굽기, 신명기, 레위기의 말씀 모두를 모세가 기록하였지만 예수께서는 "하나님이 이르시되"라고 하시면서 그 말씀을 모두 하나님의 말씀이라고 하십니다.

곧 구약성경에 직접적으로 "여호와께서 이르시되," "여호와의 말씀이 임하여 이르시되"라고 언급된 말씀뿐 아니라 모세가 기록한 말씀 혹은 다른 저자가 기록한 말씀 모두가 하나님이 기록한 것이라고 말씀합니다.

이것은 히브리서 3:7도 마찬가지입니다.

> 오늘날 그의 음성을 듣거든 … 너희 마음을 완고하게 하지 말라(히 3:7).

이 말씀은 시편 95:7 이하에 나타난 말씀입니다. 그런데 그 말씀을 시편 95편 기자가 기록한 것이 아니라 "성령이 이르신 바와 같이"라고 하면서 성령께서 이르신 것이라고 말씀합니다. 곧 성경은 비록 사람이 기록하였지만 궁극적으로 하나님이 기록한 것이라고 말씀합니다.

사랑하는 성도 여러분!

바로 이렇게 성경이 권위가 있는 절대적인 이유는 성경의 저자가 하나님이시기 때문입니다. 만일 저자가 사람이라면, 사람의 생각에서 성경이 나왔다면 성경은 권위가 없습니다. 하지만 성경의 원저자는 하나님이기 때문에 모든 성경은 하나님의 말씀이 분명하고 확실합니다. 그래서 예수께서 다음과 같이 말씀하셨습니다.

율법의 일점 일획도 결코 없어지지 아니하고 다 이루리라(마 5:18).

그러나 율법의 한 획이 떨어짐보다 천지가 없어짐이 쉬우리라(눅 16:17).

이것은 성경의 아주 작은 철자 하나까지도 결코 없어지거나 생략할 수 없다고 말씀합니다. 왜냐하면 성경의 일점일획의 모든 글자가 다 하나님이 친히 기록한 말씀이기 때문입니다. 곧 성경의 권위는 하나님에게서 나왔습니다. 성경이 권위가 있는 것은 사람들이 인정해 주었기 때문이 아니라 하나님이 친히 그 저자이시기 때문입니다. 그래서 모든 사람들은 성경의 권위를 인정하고 하나님의 말씀에 순종합니다. 이를 웨스트민스터 신앙고백서 1.4에서 고백합니다.

성경을 믿고 순종해야만 하는 권위는 어떤 사람이나 교회의 증거가 아니라 저자이고 진리 자체이신 하나님께 전적으로 의존한다. 그러므로 성경은 하나님의 말씀이기 때문에 받아들여야 한다(1.4).

2. 성경의 영감

1) 유기적 영감

사랑하는 성도 여러분!
성경의 권위는 하나님에게서 나옵니다. 하나님이 저자이시기 때문입니다. 그런데 그 성경의 저자인 하나님은 과연 인간 저자인 인간과 어떤 관계를 맺고 있을까요?
성경의 저자가 하나님이긴 하지만 하나님이 직접 성경을 기록하신 것이 아니라 인간 저자가 기록했습니다. 모세오경은 하나님이 원저자이시지만 모세가 기록했습니다. 로마서는 하나님이 원저자이시지만 바울이 기록했습니다. 이렇게 하나님이 원저자이시지만 인간 저자를 통해서 기록했기 때문에 하나님과 인간 저자 사이의 관계를 설정하는 것이 무엇보다도 중요합니다.

모든 성경은 하나님의 감동으로 된 것으로(딤후 3:16).

예언은 언제든지 사람의 뜻으로 낸 것이 아니요 오직 성령의 감동하심을 받은 사람들이 하나님께 받아 말한 것임이라(벧후 1:21).

디모데후서 3:16, 베드로후서 1:21은 하나님과 인간 저자 사이의 관계를 가장 잘 드러낸 말씀입니다. 두 성경을 보면 한결같이 성경은 하나님의 감동하심으로 만들어졌다고 말씀합니다. 이는 우리가 아는 '영감'인데, 직역하면 NIV 성경이 아주 잘 번역했듯이 **"God-breathed"**입니다. 곧 하나님이 숨을 성경 저자에게 불어넣으시고 성경 저자는 그것을 기록했습니다.

그런데 이런 영감을 받은 인간은 필사자처럼 하나님이 불러 주신 것을 기록하였을까요?

그렇지 않습니다.

¹ 우리 중에 이루어진 사실에 대하여 … ³ 그 모든 일을 근원부터 자세히 미루어 살핀 나도 데오빌로 각하에게 차례대로 써 보내는 것이 좋은 줄 알았노니(눅 1:1, 3).

누가는 자신이 성경을 기록할 때 "그 모든 일," 곧 예수 그리스도에 관한 모든 일을 근원부터 자세히 살폈다고 합니다. "근원부터"란 처음부터, 곧 예수께서 태어날 때부터입니다. 그래서 누가복음은 다른 복음서와 달리 세례 요한의 탄생 등의 예수의 탄생과 관련된 기사가 아주 풍성합니다. 그리고 자세히 미루어 살폈다고 하는데, 이는 자세히 조사했다(investigated)는 것입니다.

누가는 성경을 기록할 때 어떻게 기록했습니까?

일반 책을 쓰는 저자들이 쓰는 것처럼 조사하고 연구하고 자료를 수집하고 생각하면서 누가복음을 썼습니다. 곧 디모데후서 3:16, 베드로후서 1:21처럼 하나님의 영감을 받은 누가는 자연스럽게 글을 쓰듯 누가복음이라는 성경을 썼습니다.

사랑하는 성도 여러분!

이것은 무엇을 의미합니까?

바로 원저자인 하나님과 인간 저자인 누가는 결코 이질감을 느끼지 않으면서 성경을 기록했다는 것을 의미합니다. 하나님과 인간 사이에 어떤 간격도 없이 마치 한 몸이 된 것처럼 성경을 썼습니다. 이런 극단의 예는 고린도전서 7:25입니다.

> 처녀에 대하여는 내가 주께 받은 계명이 없으되 주의 자비하심을 받아서 충성스러운 자가 된 내가 의견을 말하노니 (고전 7:25).

곧 바울은 분명히 지금 자신이 하나님에게 계시를 받은 것이 아니고 자신의 의견을 말한다고 하는데, 그것은 하나님의 말씀입니다.

바로 이렇게 성경을 기록함에 있어서 하나님과 사람 사이에 마치 한 몸을 이룬 듯이 밀접한 관계하에 성경이 기록된 것을 '유기적 영감'이라고 합니다. 성경은 하나님이 원저자이신데, 그 원저자이신 하나님이 인간 저자를 도구 삼아 쓰십니다. 그리고 인간 저자의 자유를 침해하지 않고 오히려 그들이 가진 문학적 특성, 인간적 기질 등을 유기적으로 이용하셔서 성경을 기록한 것입니다.

그래서 성경은 하나님의 책이자 인간의 책입니다. 그래서 우리는 성경에서 하나님의 높고 깊은 뜻을 찾지만, 그 방법은 문법을 공부하고, 역사를 공부하고, 저자인 바울, 마태의 특성을 공부하는 것입니다. 이런 유기적 영감은 실상 예수께서 이미 예언하신 것입니다.

예수께서 제자들에게 성경의 저자이신 성령을 보내시는데, 성령께서 예수에 대한 제자들의 기억을 돕고(요 14:26), 공생애 때 예수에 대한 생각을 새롭게 생각하게 하는 등의 일을 하십니다(요 16:12-14). 곧 성령께서 성경 저자에게 말씀을 불러 주시는 것이 아니라 그들과 동행하면서 예수를 기억나게 하고 새롭게 생각하게 하여 그들의 머리 속에 일어나는 논리적 사고 혹은 추론 모든 것을 동원하셔서 성경을 기록하게 하십니다. 따라서 성경은 온전히 하나님의 말씀입니다.

하나님은 인간 저자의 기질과 특성을 전혀 무시하지 않으시면서 그에게 긴밀히 간섭하셔서 하나님의 말씀을 기록하게 하셨습니다.

2) 유기적 영감의 근원 - 성육신

사랑하는 성도 여러분!
이런 유기적 영감은 우리를 진지하게 고민하게 합니다.
어떻게 유기적 영감이 가능합니까?
어떤 작품이 내 것 아니면 네 것이지, 어떻게 내 것이면서 동시에 네 것도 됩니까?
공동작업이지만 그 공동작업에 모든 사람의 마음이 온전히 한마음이 되는 것을 불가능합니다. 의견이 강하거나 탁월한 사람의 의견이 더 많이 반영될 뿐이지 모든 사람이 한마음으로 공동작업을 하지 않습니다.
그러나 하나님이 성경의 저자이시고 인간도 성경의 저자인 것은 바로 우리를 하나님의 형상으로 만드셨기 때문입니다. 곧 하나님은 우리를 강제하지 않으시고 설득하십니다. 하나님이 우리를 회심시키실 때 우리의 의지를 배제한 채 회심시키시는 것이 아니라 우리의 마음 깊은 곳에서 죄를 회개하는 간절한 마음과 그리스도를 의지하는 굳은 마음을 동시에 사용하십니다. 우리가 가장 자발적으로, 가장 자유롭게 회개하도록 하십니다. 우리를 강제하고 억압하고 채찍으로 끌고 가면서 회심하게 하지 않으십니다.

주님의 영은 예언자와 사도 안에 들어가시고 그들을 인도하셔서 그들 자신이 스스로 살피고 숙고하고 말하고 기록하게 하셨습니다. 그들을 통해 말씀하시는 분은 하나님이지만 그와 동시에 그들 자신이 말하고 기록합니다. 성령에 이끌려 자신이 말하고 기록합니다(벧후 1:21). 그들의 기질과 성격, 감정, 의지, 지적 발달 등의 모든 것은 하나님이 부르신 후에 제거되지 않고 성령에 의해 빚어져 모든 요소들이 한 폭의 그림 안에서 잘 어울리는 것처럼 유기적으로 작용합니다.

그러나 무엇보다도 유기적 영감의 근원은 바로 우리 주 예수 그리스도의 성육신입니다. 성경은 인간 언어로 존재하는 하나님의 말씀입니다. 그런데 실제 예수께서는 이 땅에 말씀으로 오셨습니다. 요한복음 1:14에서 "말씀이 육신이 되어"라고 말씀합니다. 곧 그리스도는 자신의 성육신 안에 하나님이자 인간인 두 이질적인 요소를 완벽하게 하나로 만드셨습니다. 바로 그리스도가 섞일 수 없는 하나님과 인간이라는 두 요소를 완전히 자신의 성육신 안에서 하나로 만드셨습니다. 이렇듯 성경의 유기적 영감의 비밀은 바로 그리스도의 성육신입니다.

하나님의 말씀이 우리 언어로 기록되었고 그 저자의 자유를 존중하면서 모든 것을 하나님의 뜻대로 완벽하게 기록된 일은 바로 성육신하신 그리스도 안에서 그 기원을 찾지 않으면 불가능합니다. 바로 유기적 영감은 단지 하나의 이론이 아니라 바로 그리스도 예수 안에서 우리에게 찾아오신 하나님의 계시의 낮아지심, 겸양 그리고 하나 됨이라고 할 수 있습니다.

이렇게 유기적 영감은 단지 이론을 넘어서 그리스도의 성육신을 발판삼아 하나님이 성경 저자를 통해 친히 자신의 말씀을 기록하였다는 성경적 고백입니다. 곧 성경을 가장 명확하게 하나님의 말씀으로 선명하게 드러내는 길은 유기적 영감입니다.

성경은 인간이 기록한 종교적 경건서적이라고 주장함으로 하나님을 희생시키거나 성경은 하나님이 저자이고 인간은 단지 복사기에 불과하다는 주장을 함으로 성경 저자를 희생시키는 일이 없어야 합니다. 성경은 하나님이 그들에게 영감을 주셔서 인간 저자들이 그 영감을 바탕으로 가장 자유롭게 하나님의 말씀을 완벽히 기록한 것입니다. 따라서 성경은 인간이 기록했지만 하나님의 말씀입니다.

3. 성령의 내적 증거

사랑하는 성도 여러분!

이렇게 성경은 하나님의 말씀이 명확합니다. 하나님은 인간 저자를 사용하시지만 그들에게 유기적으로 역사하셔서 하나님의 뜻을 온전히 드러내시기 때문입니다. 성경은 하나님이 저자이신 하나님의 말씀입니다. 그렇기 때문에 성경은 권위를 갖습니다. 성경은 사람의 믿음과 믿지 않음에 상관없이 하나님의 말씀입니다. 하나님의 말씀은 우리의 믿음에 따라 달려 있는 것이 아닙니다. 성경은 그 저자가 하나님이시고 하나님이 친히 기록하셨기 때문에 진리입니다. 우리가 성경을 판단하는 것이 아니라 성경이 우리를 판단합니다.

이렇게 성경은 우리의 믿음 유무에 상관없이 하나님의 말씀입니다. 그러나 이 성경이 하나님의 말씀으로 믿어지는 것, 즉 성경이 수납되는 것은 전적으로 성령께서 우리에게 증거해 주시기 때문입니다. 웨스트민스터 신앙고백서 1.5에 따르면, 우리는 교회의 증거에 의해 성경을 믿고 고백할 수 있습니다. 또 모든 내용적 일치, 구원을 향한 모든 완벽한 구조 등의 모든 것이 성경이 하나님의 말씀임을 증거합니다. 그러나 무엇보다도 성경이 하나님의 말씀이고 구원에 유일무이한 유일한 법칙일 수 있는 것은 '말씀과 더불어 역사하시는 성령' 덕택입니다.

> 오직 하나님이 성령으로 이것을 우리에게 보이셨으니 성령은 모든 것 곧 하나님의 깊은 것까지도 통달하시느니라(고전 2:10).

> 우리가 세상의 영을 받지 아니하고 오직 하나님으로부터 온 영을 받았으니 이는 우리로 하여금 하나님께서 우리에게 은혜로 주신 것들을 알게 하려 하심이라(고전 2:12).

성령께서 우리에게 성경을 믿게 하는 역사를 고린도전서 2:10 이하에서 명확하게 말씀합니다. 하나님은 성령으로 말미암아 우리에게 자신의 깊은 뜻을 전달하십니다. 성령이 하나님의 깊은 것까지 통달하시는 분인데, 우리 안에 들어오셔서 우리의 모든 것을 비추어 주시는 분임은 확실합니다. 고린도전서 2:12에 말씀한 대로 그 성령 하나님이 우리에게 오십니다. 우리 마음에 내주하십니다. 그리고 내주하신 성령께서 우리로 하여금 성경이 하나님의 말씀임을 믿게 하십니다. 우리 스스로 아는 것이 아니라 혹은 여러 가지 논리에 의해서 설득당하는 것이 아니라 바로 하나님의 깊은 것까지도 통달하시는 성령께서 우리 안에 오셔서 우리에게 증거하신 것입니다. 곧 성령의 내적 증거가 성경을 하나님의 말씀으로 비로소 받아들이는 결정적인 핵심입니다. 성경을 친히 기록하시고 하나님의 말씀으로 확정하신 성령께서 친히 우리 마음 가운데 오셔서 성경을 믿게 하시는 역할까지 같이 하십니다.

참으로 겸손히 하나님의 말씀에 대해 봉사하고 또한 자신의 교회에 대해서 봉사하시는 분은 성령 하나님이십니다. 그래서 고대 교부들이 이런 말을 하였습니다.

> 믿음이 있는 사람들만 성경을 읽을 수 있다.

여전히 예수를 본 사람들이 살아 있을 고대교회 당시에, 성경의 기록들이 모두 사실이라는 것을 확증하는 증인이 있었음에도 불구하고 교부들은 오직 믿음있는 사람만이 성경을 읽을 수 있다고 말했습니다. 성경이 우리 가운데 믿어지는 것은 바로 성령께서 우리 마음에 오셔서 증거해 주시는 사역, 즉 효과적으로 부르시기 때문에 일어나는 일이지 인간의 설득 때문이 아닙니다.

사랑하는 성도 여러분!
성경에 대해 혹 의심이 가십니까?
아니면 성경을 신앙과 생활의 유일한 법칙으로 여기지 않고 있습니까?
성경보다 여러분들의 생각이 앞서십니까?
여러분, 그럴 때 이 성경은 성령께서 여러분들에게 친히 들려주시는 말씀이라고 믿으시길 바랍니다.
성경 말씀이 경건서적, 참고서적이 아니라 여러분들을 이끄시는 성령의 증거라고 믿으시길 바랍니다.
바로 그 믿는 사람만이 성경을 읽을 수 있고 동시에 성령의 인도를 받을 수 있습니다.
우리 안에 여전히 말씀으로 역사하시는 성령 하나님, 그분만을 영원히 송영합니다. 아멘!!

2

죄를 영광으로 조정하시는 하나님

> **설교 본문**: 창세기 4:1-26
> **웨스트민스터 신앙고백서**: 6장 "사람의 타락, 죄와 징벌"

사랑하는 성도 여러분!

한 주간 주 안에서 평안하셨습니까?

하나님이 매주 웨스트민스터 신앙고백서를 통해서 성경을 질서 있게 배우게 하신 것에 감사합니다. 특히 지난주에는 우리에게 죄에 대한 교리를 알려 주셨습니다. 웨스트민스터 신앙고백서 6장 "사람의 타락, 죄와 징벌"이라는 교리에서 죄에 대한 무서움을 고백합니다. 특히 원죄는 아담과 여자에게서 온 것인데, 이것은 창세기 3장에서 명확히 알 수 있습니다. 아담과 여자는 사탄에게 유혹되었습니다. 바로 사탄이 타락한 그 이유 그대로 아담과 여자는 교만이라는 죄에 유혹되었습니다. 사탄은 다음과 같은 말로 유혹했습니다.

> 너희가 그것을 먹는 날에는 너희 눈이 밝아져 하나님과 같이 되어 선악을 알 줄 하나님이 아심이라(창 3:5).

아담과 하와는 다음의 말씀처럼 하나님 같이 되려는 교만에 빠져 언약을 파기하였습니다.

> 새로 입교한 자도 말지니 교만하여져서 마귀를 정죄하는 그 정죄에 빠질까 함이요(딤전 3:6).

원죄의 핵심은 교만이며, 이 교만을 바탕으로 "정녕 죽으리라"는 하나님의 말씀을 믿지 않았고, "먹지 말라"는 하나님의 말씀에 불순종하여 원죄를 지었습니다. 교만이 불신앙과 불순종을 만들어 내어 인간은 죄인이 되었습니다. 언약이 파기 되었습니다.

언약의 파기는 실로 무서운 결과를 초래하였습니다. 인간은 전적으로 타락하게 되어 하나님 앞에 언약의 상대자가 아니라 단지 육체가 되었습니다.

> 여호와께서 이르시되 나의 영이 영원히 사람과 함께 하지 아니하리니 이는 그들이 육신이 됨이라(창 6:3).

그럴 뿐 아니라 육체가 된 인간은 자유한 것이 아니라 바로 하나님을 진노의 하나님, 무서운 하나님으로 대면하게 되었습니다. 누가복음 15장의 죄인인 탕자가 아버지를 '주인'으로 자신을 '품꾼'으로 보면서 진노하신 아버지에게 다음과 같이 고백합니다.

> 지금부터는 아버지의 아들이라 일컬음을 감당하지 못하겠나이다 나를 품꾼의 하나로 보소서 하리라(눅 15:19).

요한계시록 6:16에서 진노의 하나님을 대면하는 것보다 산과 바위에 깔려 죽는 것이 더욱 좋다라는 탄식을 합니다. 이렇게 언약의 파기는 하나님을 진노의 하나님으로 보는 두려움 그 자체입니다.

> 산들과 바위에게 말하되 우리 위에 떨어져 보좌에 앉으신 이의 얼굴에서와 그 어린양의 진노에서 우리를 가리라(계 6:16).

사랑하는 성도 여러분!
이 진노의 무서움을 가슴 깊이 절감하신다면 우리 주 예수 그리스도의 은혜가 얼마나 귀하고 소중한지 알게 되실 것입니다. 진노의 하나님이 아니라 자비와 평강의 하나님으로 하나님을 만날 수 있다는 것은 너무 감사한 일입니다. 바로 예수 그리스도가 십자가에서 홀로 행하신 일입니다.
오늘도 이 놀라운 은혜를 목도합시다.
죄에 대해 죽고 의에 대해서 산 우리입니다. 말씀을 통해 죄에 대해 깊이 회개하시고, 그리고 고개를 들어 죄를 제압하시고 승리로 인도하시는 그리스도를 바라봅시다. 아멘!

1. 죄의 전가

사랑하는 성도 여러분!
웨스트민스터 신앙고백서 6장의 주요한 두 개의 주제가 있다면 하나는 죄의 기원, 원죄, 전적 타락이고 또 다른 하나는 죄가 어떻게 인류 가운데 퍼져 나아가는가에 대한 죄의 전가에 대한 교리입니다.

① 웨스트민스터 신앙고백서 6.1, 2은 죄의 기원, 원죄, 전적 타락에 대한 교리입니다.
② 웨스트민스터 신앙고백서 6.3, 4는 죄의 전가 그리고 원죄가 어떻게 자범죄를 발생하는가를 고백합니다.

그리고 웨스트민스터 신앙고백서 6.5은 죄에 대한 정의, 6.6은 죄로부터 오는 모든 비참함에 대한 고백인데 이것은 죄의 결과입니다. 죄에 대한 심판을 6.5, 6에서 말씀합니다.

지난 시간에는 원죄와 그것에 대한 심판을 살펴보았기에 오늘은 죄가 어떻게 인류 가운데 퍼져나가 온 인류가 죄 아래 있게 되었는지, 즉 원죄의 전가에 대해서 말씀을 선포하겠습니다. 그리고 그 죄를 영광으로 역전시키시는 하나님을 또한 찬송하겠습니다.

1) 언약의 머리인 아담: 대표성의 원리

원죄와 그에 대한 전가 교리는 무엇보다도 로마서 5장에 나타난 대표성의 원리에서 명확히 알 수 있습니다.

> 12 그러므로 한 사람으로 말미암아 죄가 세상에 들어오고 죄로 말미암아 사망이 들어왔나니 이와 같이 모든 사람이 죄를 지었으므로 사망이 모든 사람에게 이르렀느니라 13 죄가 율법 있기 전에도 세상에 있었으나 율법이 없었을 때에는 죄를 죄로 여기지 아니하였느니라 14 그러나 아담으로부터 모세까지 아담의 범죄와 같은 죄를 짓지 아니한 자들까지도 사망이 왕 노릇 하였나니 아담은 오실 자의 모형이라(롬 5:12-14).

로마서 5장은 원죄가 우리에게 어떻게 전가되는지를 알려 주는 아주 귀한 계시적 말씀입니다. 로마서 5:12에 "한 사람으로 말미암아 죄가 세상에 들어왔나니"라고 말씀합니다. 여기서 한 사람은 아담을 말씀하는데, 아담이라고 하지 않고 "한 사람"(one man)이라고 한 것은 아담이 언약의 머리임(대표성)을 말씀하기 위해서입니다.

사도 바울은 분명히 여자를 통해서 죄가 먼저 들어온 것을 알고(딤전 2:14), 또 곁에 서 있던 아담도 죄를 지은 것을 알고 있음에도 여자 혹은 아담이라고 하지 않고 "한 사람"이라고 한 것은 아담의 대표성을 말씀하기 위해서입니다. 곧 아담 언약은 단지 아담과 맺은 언약이 아니라 온 인류를 대표해서 아담과 맺은 언약이기 때문에 아담의 범죄는 온 인류의 범죄입니다. 그래서 범죄의 당사자인 아담을 아담이라고 하지 않고 또 범죄한 여자를 여자라고 하지 않고 "한 사람"이라고 함으로 아담이 언약의 머리, 언약의 대표성을 말씀합니다.

물론 성도 여러분들도 잘 아시다시피 이 대표성의 원리를 갖는 사람은 아담과 예수 그리스도 두 분 밖에 없습니다. 우리는 자신의 죄를 책임지지 결코 어떤 사람을 대표하지 않습니다. 아담과 그리스도 외에 우리를 대표하는 이는 없습니다. 곧 우리의 죄로 인해서 다른 사람이 죽지 않고 다른 사람의 죄로 인해 우리가 죽지도 않습니다. 그러나 아담은 자신의 행위로 온 인류를 죄에 빠르리고, 예수께서는 자신의 행위로 인해서 인류에게 구원을 주십니다. 그래서 고린도전서 15:22은 다음과 같이 말씀합니다.

> 아담 안에서 모든 사람이 죽은 것 같이
> 그리스도 안에서 모든 사람이 삶을 얻으리라(고전 15:22).

아담과 예수만이 언약의 머리, 인류의 대표입니다.

아담은 온 인류의 대표로서 하나님과 아담 언약을 맺었는데, 죄를 짓습니다. 선악과를 먹음으로 하나님께 범죄하고 언약이 파기 되었습니다.

그런데 그 아담의 죄성은 아담에게서 멈추지 않고 온 인류에게 전가됩니다. 왜냐하면 위에서 말씀드린 대로 아담은 인류의 머리, 언약의 대표이기 때문입니다. 로마서 5:14을 보십시오.

> 그러나 아담으로부터 모세까지 아담의 범죄와 같은 죄를 짓지 아니한 자들까지도 사망이 왕 노릇 하였나니 (롬 5:14).

아담부터 모세까지 곧 모세오경이라는 율법이 아직 없던 시기에도 사망이 왕노릇하였다고 말씀합니다. 아담부터 모세라고 시기를 특정하는 것은 시내산 율법을 받기 전을 가리키는데, 이것은 당시 로마교회 안의 유대인과 이방인의 특성을 고려한 것입니다. 곧 죄는 율법을 어기는 것인데, 어떻게 율법이 없는 시기인 아담부터 모세까지 어떻게 죄를 짓느냐고 유대인들이 묻습니다.

이에 사도 바울은 '율법이 없던 시기에도 사망이 있었지 않았느냐, 그러므로 율법이 없던 시기에도 죄는 있었던 것이 분명하다'고 말씀합니다. 다시 본론으로 돌아와서 보면, "아담의 범죄와 같은 죄를 짓지 아니한 자들," 곧 사람들은 아담과 같이 선악과를 먹는 죄를 짓지 않았습니다. 선악과를 먹는 죄는 아담이 지었습니다. 그러나 놀랍게도 아담과 같은 죄를 짓지 않았음에도 그들에게 "사망이 왕노릇"합니다.

모든 사람이 아담과 같은 죄를 짓지 않았음에도 사람들은 아담과 똑같은 사망이라는 심판을 받습니다.

왜 입니까?

아담의 원죄, 정확히 말해서 죄성을 전가 받았고 실제 죄를 지었기 때문입니다. 아담의 죄로 인해 죄성이 오는 후손에게 전가되어 그들은 아담과 똑같은 선악과를 먹는 죄를 짓지 않았지만 전가 받은 죄성, 곧 교만으로 말미암아 하나님을 대적하는 죄를 짓습니다. 죄의 형태는 다를지 모르지만 실질에서는 아담과 같이 교만이라는 똑같은 죄를 짓습니다. 그렇기 때문에 아담과 같은 죄를 짓지 않았음에도 사망이 그들에게 왕노릇합니다.

2) 가인의 죄: 죄의 전가의 예

죄의 전가는 언약의 머리인 아담에게서 기원하여 온 인류에게 퍼져나아 갑니다. 웨스트민스터 신앙고백서 6.3은 다음과 같이 고백합니다.

> 보통 생육법으로 그들에게 태어난 모든 후손들에게 전수되었다(6.3).

그렇기 때문에 창세기 4장의 가인의 죄는 그냥 우연히 일어난 것이 아닙니다. 곧 창세기 4장의 가인의 죄는 한 개인의 일탈을 말하는 것이 아니라 바로 원죄의 전가와 전가 받은 원죄의 치명적 성격에 대해 말씀합니다. 창세기 4장에 아담과 하와가 임신하여 낳은 첫 아들을 가인이라고 합니다. 가인이라는 뜻은 '얻음'이라는 뜻인데, 바로 창세기 3:15의 첫 복음에서 말씀한 '여자의 후손'을 얻었다는 뜻입니다.

그런데 가인은 여자의 후손으로 행동하지 않았습니다. 가인은 하나님께 제사를 드렸는데, 그 제사를 하나님이 받지 않으시자 안색이 변하면서 지나칠 정도로 화를 냅니다. 이에 하나님은 죄를 다스리라고 말씀하면서 경고하십니다. 그러나 가인인 결국 죄를 다스리지 못하고 동생을 들에서 쳐 죽입니다.

사랑하는 성도 여러분!
가인의 범죄는 인류의 첫 살인입니다.
왜 가인이 죄를 범했을까요? 정말 그가 너무 화가 나서 우발적으로 살인한 것일까요? 동생 아벨에 대한 질투, 하나님의 편애 때문에 그런 것일까요?

가인 같이 하지 말라 그는 악한 자에게 속하여 그 아우를 죽였으니 어떤 이유로 죽였느냐 자기의 행위는 악하고 그의 아우의 행위는 의로움이라(요일 3:12).

요한일서에서 가인이 아우 아벨을 죽인 이유를 말씀합니다. 사도 요한이 가인과 같이 아우를 죽이지 말라고 말씀합니다. 이것은 살인을 이야기하지만 죄를 짓지 말라고 하는 말씀입니다. 그러면서 이유를 말씀하는데, 바로 가인은 악한 자에게 속하였기 때문입니다. 여기서 악한 자란 사탄을 말합니다. 곧 가인이 범죄한 것은 의인이 어쩌다 한 번 실수하거 너무 화가 나서 일탈을 한 것이 아니라 그 안에 전가 받은 죄의 본성이 외적으로 표출된 것입니다. 바로 아담의 원죄의 죄성을 전가 받았습니다.

반대로 아벨은 죄의 본성을 전가 받았지만 아담과 여자의 신실한 말씀 봉사로 회개하게 되었고 그는 의롭게 되었습니다. 곧 가인과 아벨 둘 다에게 죄의 본성이 유전되었지만 아벨은 회개하였고 가인은 회개하지 않아서 가인은 죄를 지었습니다.

성도 여러분, 우리가 이 말씀을 접할 때 혹 가인이 원래 의인이었는데 죄를 지어 하나님의 심판을 받지 않았나 생각할지도 모릅니다. 하지만 그렇지 않습니다. 아담과 여자 이후의 모든 사람들은 죄의 본성을 전가 받았습니다. 가인과 아벨 역시도 동일하게 죄의 본성을 전가 받았습니다. 그리고 동일하게 죄인으로 태어났습니다.

그러나 아벨은 아담과 하와의 말씀 봉사로 죄를 회개하고 믿음으로 하나님에게 나아갔습니다. 하지만 가인은 아담과 여자의 말씀 봉사에도 죄를 회개하지 않고 믿음으로 하나님에게 나아가지 않았습니다. 곧 아벨은 믿음으로 제사를 드렸고 가인은 믿음으로 제사를 드리지 않았습니다.

> 믿음으로 아벨은 가인보다 더 나은 제사를 하나님께 드림으로 의로운
> 자라 하시는 증거를 얻었으니 하나님이 그 예물에 대하여 증언하심이
> 라 그가 죽었으나 그 믿음으로써 지금도 말하느니라(히 11:4).

그리고 이에 대한 엄중한 하나님의 경고가 가인에게 내려졌지만 가인은 회개하지 않고 여전히 죄의 본성을 드러내어 아벨을 죽이는 죄를 지었습니다.

죄는 아담과 하와가 죄를 지은 즉시 그의 모든 후손에게 전가되었습니다. 보통 생육법으로 태어난 모든 사람은 죄인입니다. 가인도 죄인이고 아벨도 죄인입니다. 그리고 이 죄의 실제 행위가 아벨을 죽인 것입니다. 결코 가인이 일탈 행위를 한 것이 아닙니다. 가인의 전가 받은 죄성이 드러난 것입니다. 죄는 이렇게 온 인류에게 전가됩니다. 온 인류는 이런 무섭고 비참한 죄 아래 거하게 됩니다.

2. 죄를 자기의 영광으로 조정하시는 하나님

1) 아담을 모형으로 삼으신 예수 그리스도

사랑하는 성도 여러분, 이렇게 죄가 온 인류에게 전가되었습니다. 보통 생육법으로 태어난 모든 사람들은 죄의 본성을 전가 받아 죄를 짓습니다. 단 한 사람도 예외가 없습니다. 그렇기 때문에 창세기 4장의 가인은 남의 이야기가 아니라 우리 이야기이고 우리 안에 있는 죄성에 대한 이야기입니다. 이런 우리의 모습을 가인을 통해 확인하게 될 때 우리 맘이 참 우울합니다.

하지만 성도 여러분, 너무 낙망하거다 낙담하지 마십시오.

왜냐하면 죄가 인류 가운데 전가되지만 궁극적으로 죄 역시도 하나님의 주권 안에 있고 하나님께서 죄를 섭리로서 인도하시기 때문입니다. 이것은

웨스트민스터 신앙고백서 6.1이 명확하게 고백하는 바입니다.

> 우리의 첫 조상은 사탄의 간계와 유혹에 넘어가 금지된 실과를 먹어 죄를 지었다. 그들이 이 죄를 하나님은 자기의 영광을 목적으로 조정하신 후, 자기의 지혜롭고 거룩한 작정을 따라 허용하시기를 기뻐하셨다(6.1).

웨스트민스터 신앙고백서 6.1을 접할 때마다 우리를 당황하게 하는 것은 "죄를 … 허용하시기를 기뻐하셨다"는 것입니다. 죄를 미워하시는 하나님이 죄를 허용하시기를 기뻐하셨습니다. 이 말은 제대로 읽지 않으면 마치 하나님이 죄를 짓게 방임하시거나 적극적으로 죄를 짓도록 조장하셨다는 느낌이 들 수 있습니다.

그러나 성도 여러분, 우리가 작정 그리고 섭리에서 고백한 대로 하나님은 결코 죄를 짓게끔 작정하시거나 죄를 발생시키시는 분이 아닙니다. 죄는 오직 천사와 인간의 교만한 마음에서 나온 것이지 하나님이 결코 죄를 짓게 조장하시거나 죄를 짓도록 직접적으로 역사하시지 않습니다.

웨스트민스터 신앙고백서 6.1의 수식어를 아주 주의깊이 보셔야 합니다.

> 그들이 이 죄를 하나님은 자기의 영광을 목적으로 조정하신 후, 자기의 지혜롭고 거룩한 작정을 따라 허용하시기를 기뻐하셨다(6.1).

웨스트민스터 신앙고백서에서 하나님이 죄를 허용하고 기뻐하신 이유는 바로 자기의 영광을 목적으로 죄를 조정하셨기 때문입니다. 곧 죄를 방임하거나 널리 널리 퍼져 나아가도록 확대 조장하신 것이 아니라 자기 영광의 목적으로 죄를 조정하셨습니다.

이것은 무슨 의미입니까?

바로 죄를 통해 하나님이 영광을 받으신다는 것입니다. 곧 죄를 그냥 방임하여 온 인류 가운데 죄가 퍼지도록 한 것이 아니라 죄를 적극적으로 조정하셔서 그들로 하나님을 믿게 하시고 그로 인해서 하나님께 영광을 돌리도록 조정하신 것을 말씀합니다.

> [14] 그러나 아담으로부터 모세까지 아담의 범죄와 같은 죄를 짓지 아니한 자들까지도 사망이 왕 노릇 하였나니 아담은 오실 자의 모형이라 [15] 그러나 이 은사는 그 범죄와 같지 아니하니 곧 한 사람의 범죄를 인하여 많은 사람이 죽었은즉 더욱 하나님의 은혜와 또한 한 사람 예수 그리스도의 은혜로 말미암은 선물은 많은 사람에게 넘쳤느니라 [16] 또 이 선물은 범죄한 한 사람으로 말미암은 것과 같지 아니하니 심판은 한 사람으로 말미암아 정죄에 이르렀으나 은사는 많은 범죄로 말미암아 의롭다 하심에 이름이니라(롬 5:14-16).

사랑하는 성도 여러분, 로마서 5:14에 보시면 하나님이 아담의 범죄에 대해서 말씀합니다. 위에서 말씀드린 대로 대표성의 원리입니다. 그런데 그 대표성의 원리에 또 하나의 비밀이 있습니다. 곧 아담을 온 인류의 대표로 세웠는데, 그것은 단지 온 인류의 대표뿐 아니라 오실 자의 모형이라고 말씀합니다. 곧 아담은 아담에게서 끝나는 것이 아니라 바로 예수 그리스도가 또다른 언약의 머리, 곧 대표라는 것을 미리 보여 주는 모형이라고 말씀합니다. 그래서 고린도전서에서 아담을 첫 번째 아담, 예수 그리스도를 마지막 아담이라고 말씀합니다.

> 기록된 바 첫 사람 아담은 생령이 되었다 함과 같이 마지막 아담은 살려 주는 영이 되었나니(고전 15:45).

그런데 하나님께서 아담을 예수의 모형으로 세운 이유는 무엇입니까?

다르게 말씀드리면 예수를 마지막 아담으로 세운 이유는 무엇입니까?

그것은 로마서 5:15-16에서 말씀합니다. 아담의 범죄를 통해 온 인류가 죄의 비참함 가운데 넘어갔지만 하나님은 거기에서 인류의 결론짓지 않습니다. 바로 예수 그리스도를 통해 많은 사람들에게 은혜와 선물을 주시는 또다른 역사를 펼쳐 가십니다.

로마서 5:16에 "(한 사람 예수 그리스도의) 은사(선물, 은혜)는 많은 범죄로 말미암아 의롭다 하심에 이름이니라"는 말씀처럼 아담의 범죄와 아담의 대표성의 원리는 철저히 그리스도의 사죄의 은총과 그리스도의 대표성을 지향하고 있습니다. 아담의 범죄는 그리스도의 은혜가 압도하고 아담의 대표성의 원리 역시도 그리스도의 대표성의 원리가 압도합니다. 하나님께서 아담의 범죄를 그것에서 멈추어 온 인류를 음부의 심판으로 몰아넣지 않으시고 그리스도의 복음과 생명으로 조정하십니다. 곧 범죄를 은혜로 조정하신 후, 사망을 생명으로 역전시키신 후 하나님은 그 죄를 허용하시기를 기뻐하셨습니다.

2) 가인의 죄를 영광으로 조정하시는 하나님

바로 이것이 웨스트민스터 신앙고백서 6.1의 의미입니다. 그리고 죄를 조정하시는 실제를 창세기 4장에서 말씀합니다. 가인이 아벨을 죽인 후 가인의 계열은 끊임없이 성장합니다.

특히 창세기 4:16-24에서 가인의 창대함을 보십시오. 야발은 가축 치는 자의 조장이 되었고, 유발은 수금과 통소를 잡는 자의 조상이 되었고, 두발가인은 구리와 쇠로 여러 가지 기구를 만드는 자가 되었습니다. 여기서 조상이 되었다는 것은 시작을 말하는 것이 아니라 바로 그 부분에서 최고라는 말씀입니다. 이미 가축치는 자로서 아벨이 있었지만 야발을 가축 치는 자의 조상이 되었다는 것은 바로 야발이 그 분야에서 최고라는 의미입니다.

심지어는 라멕이라는 사람은 창세기 4:23-24에 살인의 능력(?)을 노래로까지 만들면서 자랑하고 있습니다. 곧 인류 사회에서 가장 큰 능력인 폭력을 자랑하고 있습니다. 도무지 선한 아담 계열은 살아남지 못할 것 같습니다.

그러나 성도 여러분, 우리 하나님은 어떤 하나님입니까?
죄를 사망으로 바꾸시는 역전의 명수 아니십니까?

> [25] 아담이 다시 자기 아내와 동침하매 그가 아들을 낳아 그의 이름을 셋이라 하였으니 이는 하나님이 내게 가인이 죽인 아벨 대신에 다른 씨를 주셨다 함이며 [26] 셋도 아들을 낳고 그의 이름을 에노스라 하였으며 그 때에 사람들이 비로소 여호와의 이름을 불렀더라(창 4:25-26).

하나님은 자신의 구속 역사를 멈추지 않으십니다. 바로 아담과 하와에게 셋이라는 새로운 씨를 주십니다. 셋은 25절에 나온대로 아벨 대신 새롭게 주신 언약의 씨, 여자의 후손으로서의 씨입니다. 가인에 대한 모든 인간적 미련을 신앙으로 떨쳐 버리고 오직 아담과 여자의 마음 가운데 확실하게 아벨 그리고 아벨 대신 주신 셋 만이 언약의 씨, 여자의 씨라는 확신을 갖게 하셨습니다.

그리고 하나님은 그 아담과 하와 그리고 셋에게 드디어 여호와의 이름을 부르는 예배를 주셨습니다. 곧 하나님은 가인 때문에 치명타를 입은 예배를 다시 시작하게 하셨습니다. 가인은 단지 아벨만을 죽인 것이 아니라 바른 예배를 위협하였습니다.

아벨을 죽인 가인 때문에 누가 감히 앞에서 예배를 드릴 수 있었겠습니까?
가인은 예배를 위협하는 사탄에게 속한 자였습니다. 그러나 하나님은 아벨 대신 셋을 주시고, 가인으로 인해 멈추었던 예배를 다시 회복시키심으로 구속 역사를 전진시키십니다.

구속 역사는 바로 놀라운 하나님의 은혜입니다. 그리고 멈추지 않는 구속 역사가 창세기 5장의 족보이고, 이후에 창세기에 나타나는 많은 족보는 하나님의 구속 역사입니다. 하나님은 죄를 방임하시거나 심판으로 자연스럽게 흘러가게 하지 않으시고 죄의 그 거센 물결을 힘차게 거스리면서 그리스도에게로 인도하고 자기 영광으로 조정하십니다.

우리 하나님은 능히 인류의 죄를 영광으로 바꾸시는 능력 있는 분입니다. 우리는 죄를 감당하지 못하는 죄의 종이지만 우리 하나님은 죄를 종으로 부려 자신이 원하시는 일을 능히 만들어 내십니다. 우리 하나님은 죄를 사용하셔서 악인을 벌하시고(신 2:30; 수 11:20; 살후 2:11-12), 자기 백성을 구원하시며(창 45:5), 자기 백성을 시험하시고 징계하시며(욥 1:11-12; 삼하 24:1), 자기 이름을 영화롭게 하십니다.

하나님이 죄를 결코 조정하시지 못하신다면 죄를 허용하지 않으셨을 것입니다. 하나님은 능력 있는 분이기에, 음부와 지옥까지도 자신의 손 안에 두신 분이시기에, 죄를 능히 조정하실 수 있기에 아담의 독립선언(교만), 죄의 실재, 악함의 분출, 또는 사탄의 능력을 결코 두려워하지 않고 허용하시고, 조정하십니다. 하나님은 자신이 죄를 절대적으로 통제할 수 있음을 아셨기에, 그러한 능력이 있으시기에 악이 존재하기를 전혀 허용하지 않으시기보다 악에서 선을 이끌어 내시면서 자신을 그리스도 안에서 더욱 영광스럽게 하셨습니다.

사랑하는 성도 여러분, 하나님은 죄를 죄로 방임하거나, 우리를 지옥 심판에 넘겨주거나, 악마의 미소를 지으면서 우리를 사탄에게 넘겨주지 않으십니다. 우리 하나님은 죄를 구원으로 조정하시는 능력이 있는 분이십니다. 아담의 죄를 창세기 3:15의 말씀을 통해 복음으로 조정하시고, 가인이 죽인 아벨 대신 셋을 주시며, 또한 예배를 허락하심으로 중단 없는 구속 역사로 조정하십니다. 그래서 모든 인류의 죄악이 세상에 가득하고 사람이 그 마음으로 생각하는 모든 계획이 항상 악할 때에도 하나님은 노아에게 은혜를 주심으로 구속 역사를 노아 방주 안으로 조정하시고, 나아가 악이 창궐함에도 아브라함, 이삭, 야곱, 모세, 여호수아, 다윗 등을 통해 그리스도를 교회의 태 중에 품어 가시면서 구속 역사를 조정하시는 분이십니다. 마침내 그 조정의 절정이 그리스도의 탄생으로 드러납니다.

기쁘다 구주 오셨네!

사랑하는 성도 여러분, 죄는 죄로 끝나지 않습니다. 우리 하나님은 죄를 은혜로, 여자의 후손으로 조정하십니다.

그러나 성도 여러분, 죄를 복음 가운데 면밀히 깨닫고 회개해야 합니다. 죄의 비참함과 교만을 알지 못한다면 그것은 참으로 값싼 복음이며, 그리스도의 복음을 피상적으로 아는 것입니다. 한낱 종교적 유희거리에 불과합니다. 죄의 그 비참함을 알고 탄식하며 그리스도밖에는 소망이 없음을 알 때 죄를 조정하시는 하나님이 드디어 보입니다. 그리고 마침내 우리 입을 열어 죄를 은혜와 구원으로 역전시키는 하나님을 더욱 찬양할 수 있게 됩니다.

사랑하는 성도 여러분, 우리 눈을 들어 우리 발 아래 더러운 죄를 봅시다. 그리고 우리의 고개를 들어 저 높은 하늘을 봅시다.

이 미천한 우리를 들어 하나님 보좌 우편에 앉히시는 하나님, 죄를 구원과 은혜 그리고 그리스도로 역전시키시는 하나님을 송영합니다. 아멘!

> 홀로 큰 기이한 일들을 행하시는 이에게 감사하라
> 그 인자하심이 영원함이로다(시 136:4).

3

율법을 창조하는 새 언약

> **설교 본문**: 고린도후서 3:12-18; 누가복음 22:20
> **웨스트민스터 신앙고백서**: 7장 "하나님께서 인간과 맺으신 언약"

사랑하는 성도 여러분, 주 안에서 평안하셨습니까?

하나님께서 귀한 은혜를 주셔서 저희들에게 하나님의 말씀을 웨스트민스터 신앙고백서를 통해서 청종하게 하신 것 감사합니다. 특히 신구약성경의 핵심 주제인 언약을 이렇게 교리를 통해 배울 수 있어서 언약 백성으로서 얼마나 감사한지 모르겠습니다.

성도 여러분, 언약이란 무엇입니까?

언약은 한마디로 하나님과 우리와의 관계입니다. 언약은 하나님과 우리를 묶는 띠인데, 하나님은 반드시 언약이라는 방편을 통해서만 우리와 관계를 맺습니다. 첫 사람 아담과 여자에게 하나님은 창세기 2:16-17의 말씀을 주셨습니다. 일명 아담 언약이라는 불립니다.

그런데 이 말씀을 왜 주셨습니까?

바로 관계하기 위해서입니다. 하나님은 이 말씀 자체에 어떤 큰 의미를 두신 것이 아니라 이 말씀을 통해서 이루고자 하는 궁극적인 목표가 있었는데, 그것은 바로 언약, 관계입니다. 이것은 이후의 모든 언약에서도 마찬가지입니다. 바로 언약은 관계이며, 하나님은 우리와 관계 맺기 원하십니다.

그런데 성도 여러분, 이 관계는 어떻게 이루어집니까?

바로 웨스트민스터 신앙고백서 7.1의 고백대로 하나님의 사랑에 기초한 자발적인 낮아지심입니다. 창조주와 피조물의 큰 간격으로 인해 결코 어떤 관계도 맺을 수 없습니다. 심지어는 창조주와 피조물이라는 관계도 형성될 수 없을 만큼의 큰 간격입니다. 피조물을 절대 하나님을 추측할 수 없습니다. 하나님은 하나님이시기에 오직 삼위일체 하나님만이 서로에게 걸맞은 언약의 대상입니다. 그러나 하나님은 우리를 사랑하셔서 창조하시고, 또한 사랑하셔서 언약을 맺으십니다. 그리고 친히 인간으로 낮아지셔서 우리와 관계 맺으십니다.

동산에 거니시는 하나님을 보십시오.

이것은 문학적으로 신인동형적 표현이라고 하는데, 하나님을 인간에 빗대어 말씀하는 표현입니다. 그러나 이 표현은 단지 문학적 표현만이 아니라 바로 언약 안에서 낮아지시는 하나님을 나타내기도 합니다. 하나님은 회전하는 그림자도 없으신 완전하신 분, 시간과 이성이 찾을 수 없는 분입니다. 그러나 우리 하나님은 친히 자신을 낮추셔서 얼마든지 인간의 방식대로 표현되길 좋아하셨고, 그리하여 우리와 교제하시길 원하십니다. 하나님은 사랑 때문에 자신을 낮추셔서 관계를 맺고 우리와 사랑을 나누십니다. 그리고 궁극적으로는 그리스도께서 친히 사람이 되셔서 사람과 사람으로 관계 맺으시는 것이 언약입니다. 바로 언약은 사랑과 하나님의 겸양입니다.

사랑하는 성도 여러분!

바로 이것이 언약입니다. 언약은 하나님의 자발적인 낮아지심 때문에 이루어진 관계입니다.

우리에게 이보다 더 멋진 보물이 어디에 있습니까?

사랑하는 성도 여러분, 이 멋진 보물을 우리 교회는 이름에 새겨 두었습니다. 우리가 언약 백성이라는 말은 이처럼 많은 사랑을 받는다는 말입니다.

이 즐거운 사랑, 놀라운 언약을 잊지 마시고 언약 백성으로 즐겁게 살아가시길 바랍니다. 아멘!

1. 언약은 은혜입니다

사랑하는 성도 여러분, 그러면 이제 언약에 대해서 조금 더 구체적으로 말씀을 선포하겠습니다.

특히 오늘은 구약과 신약, 두 언약에 대한 말씀을 선포하면서 그리스도 안에서 맺은 언약에 대해 깊이 감사하는 시간을 갖도록 합시다.

웨스트민스터 신앙고백서 7.1에서 언약에 대한 정의를 한 다음, 7.2은 언약에 대하여 성경에 나타난 순서를 고려해서 행위 언약을 먼저 고백하고 있습니다. 성경의 계시 역사의 순서를 따라 아담과 맺은 첫 언약인 행위 언약을 고백하고 있습니다. 행위 언약은 창세기 2:16-17의 말씀에 바탕을 둔 관계를 가리키는 것인데, 이 첫 언약을 웨스트민스터 신앙고백서 7.2에서 다음과 같이 고백(신학적으로 해석)하고 있습니다.

> 하나님이 인류와 맺은 첫 언약은 행위 언약이었다. 이 언약에서는 완전하고 인격적인 순종을 조건으로 아담과 그 후손에게 생명을 약속하셨다(7.2).

웨스트민스터 신앙고백서 7.2에서 고백하는 행위 언약의 핵심은 "완전하고 인격적인 순종"이라는 조건과, 그것에 따른 보상인 "생명"이 약속되어 있다는 것입니다. 순종을 조건으로 생명을 약속한다는 것이 행위 언약의 핵심입니다.

성도 여러분, 우리는 이 고백을 어떻게 이해해야 할까요?

다양하게 생각할 측면이 있지만 이 고백은 언약에 대해 여러 가지 오해를 불러일으킬 가능성이 아주 많습니다. 첫째 언약은 웨스트민스터 신앙고백서 7.1에 고백한 대로 하나님의 사랑에 기초한 자발적인 낮아지심입니다. 곧 하나님의 은혜입니다. 그러나 웨스트민스터 신앙고백서 7.2의 행위 언약의 고백은 은혜가 되지 않고 우리의 노력으로 뒤바뀌게 됩니다. 곧 언약은 아담과 여자가 노력해서 얻게 할 어떤 열매인 것처럼 오해하게 됩니다.

또한 동시에 웨스트민스터 신앙고백서 7.2의 고백은 또 다른 오해를 낳게 하는데, 마치 아담과 여자가 지금은 생명 안에 거하지 않은 것처럼 느껴질 수 있습니다. 곧 완전하고 인격적인 순종을 지금은 하지 않고 있는데, 만일 한다면 그것으로 생명을 누릴 수 있는 것처럼 고백하고 있습니다.

그러나 그렇지 않습니다. 아담과 여자는 이미 창조될 당시부터 하나님과 관계를 맺고 있습니다. 완전하고 인격적인 순종을 통해 생명을 누리고 있습니다. 행위 언약에서 말하는 생명은 이미 그들에게 주어졌고 이들은 단지 그 생명을 풍성히 누리기 위한 방법, 하나님과의 교제를 유지하기 위한 방법으로서 창세기 2:16-17의 행위 언약이라고 일컫는 말씀이 주어졌습니다. 이미 누리고 있는 생명을 더욱 풍성하게 누리고 지속하기 위한 방편으로 창세기 2:16-17의 말씀이 주어졌지, 없는 생명을 만들기 위해 창세기 2:16-17의 말씀이 주어지지 않았습니다.

이것은 이후의 모든 언약에서도 마찬가지입니다. 출애굽 이후, 즉 구원(생명) 이후에 십계명이 주어졌고, 가나안 땅에 대한 약속을 받은 후에 모세가 모압평지에서 신명기라는 언약이 선포되었습니다. 홍수에서 노아의 가족을 구원하신 후에 다시는 홍수로 심판하지 않는다는 약속의 말씀이 선포되었습니다. 곧 관계 그 이후에 언약의 말씀이 주어지지 관계 이전에 관계를 만들기 위한 대가로서의 언약은 없습니다.

따라서 우리는 웨스트민스터 신앙고백서 7.2의 행위 언약에 대해서 아주 조심스럽게 대하여야 합니다. 물론 웨스트민스터 신앙고백서 작성자들이 하나님의 말씀 지킴을 강조하기 위해서 이렇게 강하게 표현하였을 것 같은데, 이런 강한 표현을 우리는 사려 깊게 이해하고 보다 큰 거시적 관점, 성경 전체의 관점에서 언약을 이해해야 합니다.

곧 언약은 항상 하나님의 은혜에 기초한 것이지, 결코 우리의 노력에 기초한 것이 아닙니다. 언약은 그 기원에 있어서 일방적입니다. 언약은 하나님만이 세우실 수 있습니다. 언약은 하나님의 사랑과 은혜입니다.

2. 구약에 나타난 언약은 '약속' 혹은 '약속 + 율법'으로 나뉠 수 있습니다

1) 하나님은 언약을 항상 새롭게 세우십니다 (언약의 갱신)

하나님의 언약의 특징 가운데 하나는 하나님은 파기된 언약을 그대로 방치하지 않으십니다. 하나님은 깨진 언약을 새로운 언약으로 대체하시면서 관계를 유지시키시는데, 그것이 바로 언약의 갱신입니다.

이것은 바로 아담과 여자와 맺은 언약인 아담 언약을 갱신하는 데서 명확히 나타납니다. 아담과 여자가 하나님의 말씀을 듣지 않자 하나님과 아담의 관계는 깨졌습니다. 창세기 3:10에서 아담은 다음과 같이 말합니다.

> 내가 하나님의 소리를 듣고 내가 벗었으므로 두려워하여 숨었나이다
> (창 3:10).

아담은 하나님을 두려움의 대상으로 생각합니다. 웨스트민스터 신앙고백서 6장 "타락"에서 선포한 대로 하나님을 심판자, 진노자로 만나는 모습

이 타락한 아담에게서 그대로 나타납니다. 그런데 놀랍게도 하나님은 이 깨진 언약을 하나님은 새롭게 갱신하십니다. 그것이 창세기 3:15입니다.

> 내가 너로 여자와 원수가 되게 하고 네 후손도 여자의 후손과 원수가 되게 하리니 여자의 후손은 네 머리를 상하게 할 것이요 너는 그의 발꿈치를 상하게 할 것이니라 하시고(창 3:15).

창세기 3:15은 하나님이 타락한 사람을 심판으로 방치하지 않으시고 언약을 갱신시키는 말씀입니다.

그런데 성도 여러분, 창세기 3:15은 우리가 알고 있던 언약과 다른 형식을 취하고 있습니다. 곧 창세기 3:15은 언약이라고 하기에는 약간은 무리가 있어 보입니다. 왜냐하면 언약은 일정한 조건을 바탕으로 세워지는 하나님과 사람 사이의 관계입니다. 그래서 창세기 2:16-17의 아담 언약처럼 '선악과를 먹지 말라' 등의 조건이 있어야 합니다. 그런데 창세기 3:15은 조건이 없습니다.

창세기 3:15은 조건이 없고 단지 하나님의 약속만 있습니다. 하나님이 여자와 사탄 사이, 여자의 후손과 사탄의 후손 사이, 여자의 후손과 사탄 사이의 원수 됨(적개심)을 심어 놓고 여자의 후손이 사탄의 머리를 상하게 할 것이라는 인류 구원을 약속을 하셨습니다. 하나님이 스스로에게 맹세한 약속만 있습니다. 일정한 조건을 바탕으로 한 관계라는 언약의 개념과 다소 다른 언약이 등장합니다.

2) 구약에 나타난 언약의 두 가지 형태(약속, 약속 + 율법)

사랑하는 성도 여러분, 우리는 여기서 아주 중요한 언약의 핵심 요소를 만나게 됩니다. 곧 언약은 관계인데, 이 관계는 두 가지가 바탕이 되어서 이루어집니다. 하나는 약속이고, 또 하나는 약속을 지속시키기 위한 조건입니다.

아담 언약을 봅시다.

아담 언약에서 하나님이 아담과 여자에게 한 약속은 무엇입니까?

바로 하나님과 사람과의 '관계'(생명)입니다. 하나님이 아담 언약을 통해서 아담과 여자에게 궁극적으로 주고자 하는 것, 이루고자 한 약속은 '하나님과 사람과의 언약 관계'입니다. 하지만 이 언약 관계를 유지하기 위한 조건도 있습니다. 그것이 바로 선악과를 먹지 않는 것입니다. 관계라는 선물을 유지하기 위해 사람은 선악과를 먹지 말아야 합니다. 선악과를 먹지 않을 때 사람은 하나님과의 관계라는 선물을 유지할 수 있습니다.

그런데 성도 여러분, 이렇게 언약은 이 두 요소, 약속과 조건이 있는데, 구약에서 나오는 많은 언약은 이 두 요소가 동시에 나오는 경우도 있고 혹 한 가지, 곧 약속만이 나오는 경우도 있습니다.

첫 복음 다음에 나타나는 언약은 '노아 언약'입니다. 노아 언약 하면 무지개가 금방 머리에 떠오르는데, 노아 언약의 특징은 다시는 모든 피조물을 물로 심판하지 않겠다는 하나님의 약속만이 있는 언약입니다. 노아와 사람들에게 어떤 조건도 요구하지 않습니다.

그 다음에 등장하는 것이 아브라함 언약인데, 아브라함 언약도 어떤 조건도 요구하지 않고 오직 하나님의 약속, 땅과 씨, 복을 약속하셨습니다.

이후에 나타나는 언약은 모세와 세운 시내산 언약인데, 이것은 약속과 조건이 동시에 나타나는 언약입니다. 약속은 표면적으로는 가나안 땅을 주시겠다는 것인데, 이것의 실체는 관계입니다. 그리고 조건은 십계명으로 대표되는 율법을 지키는 것입니다. 이스라엘 백성이 십계명을 잘 지키면 가나안 땅을 소유로 얻고 그 안에서 하나님의 백성으로, 하나님은 이스라엘의 하나님으로 관계를 유지하면서 지낼 수 있습니다.

그리고 이후에 시내산 언약의 작은 형태라고 이야기할 수 있는 신명기 말씀으로 대표되는 모압 언약이 있고, 여호수아가 여호수아 24장에서 세운 세겜 언약 등이 있는데, 이것은 모두 시내산 언약을 세부적으로 명시한 시내산 언약의 작은 형태라고 할 수 있습니다.

그리고 구약의 마지막 언약이라고 할 수 있는 다윗 언약이 나타납니다. 다윗 언약은 다윗의 자손 중에 메시아를 주겠다는 약속인데, 이것 역시 어떤 조건도 없는 오직 약속만이 있는 언약입니다.

이런 관점에서 구약을 본다면 우리는 구약에 나타난 언약을 두 가지 형태로 구분할 수 있습니다.

첫째, 약속과 조건이 동시에 나타난 경우입니다.
둘째, 약속만이 나타난 경우입니다.

그러면 이 두 언약은 어떤 역할을 할까요?

그것은 바로 약속은 항구적입니다. 율법은 약속을 이루기 위한 수단으로 철저히 봉사하고 마침내 약속이 이루어지는 순간 폐기되고 맙니다.

대표적으로 약속만으로 이루어진 언약인 첫 복음, 아브라함 언약과 다윗 언약을 봅시다.

창세기 3:15의 첫 복음인 여자의 후손이 사탄의 머리를 상하게 한다는 것은 창세기 3:15에서 처음으로 계시될 뿐 아니라 구약 역사 전체에서 지속적으로 계시되고 또 이루어집니다. 구약을 보면 원수를 쳐부순다는 표현들이 다양하게 등장합니다.

> 대적의 문을 얻으리라 (창 22:17).

> 네 모든 원수들이 네게 등을 돌려 도망하게 할 것이며 (출 23:27).

> 내 원수의 목전에서 내게 상을 차려 주시고 (시 23:5).

이 수많은 표현들은 바로 이 창세기 3:15의 첫 복음에 나오는 약속에 기초한 말씀입니다. 또한 아브라함 언약에서 약속한 땅, 씨, 복은 구약성경 전체를 이끌어가는 기준이라고 할 수 있습니다. 땅의 정복은 여호수아, 다윗에게서 나타나고, 씨는 이삭, 야곱의 12아들, 야곱의 70명의 가족, 출애굽에서의 703,550명, 다윗과 솔로몬 때의 숫적으로 백성들의 번성에서 나타나는데, 이것은 구약의 핵심적인 주제입니다. 이스라엘이 하나님을 믿는 복과 그로 인해 열방이 복을 받는 것 역시 구약의 핵심적인 주제입니다.

다윗 언약에서도 마찬가지입니다. 다윗 언약은 창세기 3:15의 여자의 후손을 구체화한 언약입니다. 구약 역사 전체가 그리스도를 보내기 위한 역사로서, 다윗 언약은 구약 전체에 살아 있는 언약입니다.

그런데 놀라운 것은 이 언약들은 실상 구약 전체에서 살아 있을 뿐 아니라 신약까지도 여전히 유효한 언약입니다.

첫 복음인 창세기 3:15, 아브라함의 언약, 다윗 언약을 보십시오.

이 언약은 구약에서만 있던 한정적인 언약이 아니라 마태복음 1:1에 "아브라함과 다윗의 자손, 예수 그리스도의 족보라"는 말씀에서 명확히 알 수 있듯이 신약인 예수에게까지 성취되는, 말 그대로 시대와 환경을 초월한 항구적인 언약이라고 할 수 있습니다.

하지만 이와 반대로 '약속+율법'으로 이루어진 시내산 언약을 보십시오. 시내산 언약은 구약 전체를 대표하는 언약이라고 할 수 있는데, 이 언약은 구약에서 힘있게 역사하다가 신약 시대에 예수를 맞이하면서 폐기됩니다. 고린도후서 3:14은 다음과 같이 말씀합니다.

> 그러나 그들의 마음이 완고하여 오늘까지도 구약을 읽을 때에 그 수건이 벗겨지지 아니하고 있으니 그 수건은 그리스도 안에서 없어질 것이라(고후 3:14).

이 말씀처럼 수건이 상징하는 구약, 특별히 시내산 언약은 폐기되었습니다.

여기서 우리는 아주 중요한 사실 하나를 깨닫게 됩니다. 율법으로 대표되는 시내산 언약은 철저히 구약에서 시행된 언약인 반면, 약속만으로 제시된 언약은 구약 전체를 지배할 뿐 아니라 신약까지도 이어지는 언약입니다. 전자는 특정한 기간에만 시행되고, 후자는 기간을 초월한 항구적인 언약입니다.

그렇다면 둘 사이의 관계는 무엇입니까?

바로 약속이 언약을 이끌고 율법은 그 약속을 이루기 위한 방편 혹은 유지시키기 위한 방편으로 역사합니다.

하나님은 당신의 백성들에게 언약을 맺으십니다. 그런데 그 언약이 지속적으로 유지되는 것, 갱신되는 것은 바로 하나님의 약속 때문입니다. 첫 복음에서의 여자의 후손, 아브라함의 언약의 땅, 씨, 복, 다윗 언약의 다윗의 후손 등은 항구적인 약속이기 때문에 하나님은 반드시 언약을 갱신해야만 합니다. 만일 이 언약이 율법이라는 조건이 붙어 있는 약속이라면 하나님은 언약을 갱신하지 않아도 됩니다. 곧 하나님은 약속만으로 구성된 언약을 약속하셨기 때문에 여자의 후손은 무슨 일이 있어도 인류에게 주어야 합니다. 또 아브라함에게 약속한 땅과 씨와 복, 다윗 언약의 다윗의 후손인 메시아 역시도 반드시 당신의 백성에게 주어야 합니다. 그렇기 때문에 하나님은 언약을 갱신하지 않을 수 없습니다.

이스라엘 사람들이 애굽에서 포로로 있었지만 하나님이 그들을 출애굽시키실 수밖에 없었던(?) 것은 아브라함과 이삭과 야곱에게 행하신 언약, 곧 씨와 땅에 대한 약속 때문입니다.

> 하나님이 그들의 고통 소리를 들으시고 하나님이 아브라함과 이삭과 야곱에게 세운 그의 언약을 기억하사(출 2:24).

또 이스라엘이 수많은 죄를 지어 결국에는 포로로 끌려가지만 하나님은 그들을 다시 포로로 귀환시킬 수밖에 없었던 것은 하나님이 그들에게 땅을 약속해 놓으셨기 때문입니다. 사탄이 포로 중에 있던 이스라엘을 몰살하기 위해 하만을 통해 모두 죽이려고 했지만 하나님은 에스더를 통해 이스라엘을 구원하십니다. 왜냐하면 이스라엘의 태중에 메시아가 있기 때문입니다. 이도 역시 씨에 대한 다윗 언약 때문입니다.

사랑하는 성도 여러분, 구약에서 언약을 이끌어가는 것, 곧 하나님이 지속적으로 이스라엘과 관계를 유지하는 것은 다름이 아니라 하나님의 약속 때문입니다. 하나님은 약속에 신실하신 분이므로 그 약속하신 것을 반드시 이루시는 분이기에 그 약속의 대상자인 이스라엘, 교회와의 관계를 결코 단절하지 않습니다. 비록 이스라엘이 죄가 있고 여러 가지 연약한 점이 있더라도 하나님은 이스라엘을 버리지 않습니다. 왜냐하면 이스라엘이 잘나서, 그들의 공로가 있어서가 아니라 하나님이 그들에게 약속해 놓으셨고 그것을 성취하시기 때문입니다.

그런 의미에서 약속만 있는 언약을 실제로는 복음이라고 부르는 것이 훨씬 합당합니다. 창세기 3:15을 첫 복음이라고 부른 것처럼, 아브라함 복음, 다윗 복음이라고 불러도 전혀 틀리지 않습니다. 왜냐하면 바로 이 복된 소식 때문에 구약의 교회는 하나님과의 언약을 갱신하고 지속적으로 유지할 수 있기 때문입니다.

바로 이것이 웨스트민스터 신앙고백서 7.3의 은혜 언약에 대한 정의인데, 은혜 언약에 대하여 다음과 같이 고백합니다.

> 하나님은 죄인에게 예수 그리스도로 말미암아 생명과 구원을 조건 없이 제시하시고 … 믿을 수 있게 만드시겠다고 약속하셨다(7.3).

왜 언약이 은혜입니까?

바로 이 언약 안에 하나님의 약속이 기둥처럼 자리잡고 있기 때문입니다. 언약은 결코 율법만으로 구성되지 않습니다. 심지어 시내산 언약도 율법이 크게 보이긴 하지만 율법이 궁극적으로 지향하는 바는 바로 하나님과 이스라엘의 관계입니다.

출애굽기를 통해서 너무나도 선명하게 보이지 않습니까!

관계를 유지하기 위한 방편으로서 율법이지, 율법이 결코 관계를 만들어 내지 않습니다. 항상 하나님의 약속이 모든 언약의 기초이고 이 약속이 궁극적으로 언약 관계를 유지, 갱신하는 바탕입니다. 아멘!

3. 신약의 언약은 약속의 성령이 새 율법을 창조하십니다

그렇다면 이제 마지막으로 신약이라는 약속에 대해 선포하겠습니다. 곧 구약이 깨졌을 때 하나님은 신약이라는 약속을 새롭게 갱신합니다. 물론 이것도 하나님의 약속에 기초합니다. 첫 복음, 아브라함 언약, 다윗 언약에 기초하여 구약이 아닌 신약이라는 언약으로 갱신됩니다. 하지만 신약의 언약 갱신은 이전의 구약에서의 여러 언약 갱신과 질적으로 차이가 있습니다. 곧 구속 역사의 획기적인 전진, 성취가 일어납니다.

> [14] 그러나 그들의 마음이 완고하여 오늘까지도 구약을 읽을 때에 그 수건이 벗겨지지 아니하고 있으니 그 수건은 그리스도 안에서 없어질 것이라 [15] 오늘까지 모세의 글을 읽을 때에 수건이 그 마음을 덮었도다 [16] 그러나 언제든지 주께로 돌아가면 그 수건이 벗겨지리라 [17] 주는 영이시니 주의 영이 계신 곳에는 자유가 있느니라(고후 3:14-17).

사도 바울은 고린도후서 3:12 이하에서 구약과 신약의 언약에 대해 비교하면서 신약 언약의 완전함을 말씀합니다. 곧 신약은 구약의 완전한 성취를 말씀합니다. 먼저 14절에 수건이 나오는데, 이 수건은 고린도후서 3:13의 "장차 없어질 것"이라는 말씀대로 구약이 없어지는 것, 곧 신약이 오면 구약이 사라지는 것을 수건으로 표현하고 있습니다. 그래서 14절에 말씀한 대로 수건이 그리스도, 신약 안에서 없어진다고 말씀합니다.

그러면서 그 없어질 수건인 구약은 구체적으로 15절에서 "모세의 글," 곧 율법입니다. 율법이 없어진다고 말씀합니다. 그러면서 수건이 없어지고 난 다음, 율법이라는 자리는 빈 공간으로 남는 것이 아니라 바로 자유가 임하게 됩니다(17절). 구약의 율법 조항들이 그리스도 안에서 없어지고 그 자리에 자유가 차지하게 됩니다. 그리고 그 자유는 바로 "주의 영"이 자유롭게 활동하시는 공간입니다. 율법이 사라진 자리에 성령께서 주시는 자유가 그 자리를 차지합니다.

그렇다면 성령께서 주시는 자유는 무엇입니까?

그것은 바로 하나님의 말씀을 마음 깊은 곳에서부터 지키고자 하는 진실한 자유입니다. 그리스도께서 요한복음 8:32에 '진리가 너희를 자유케 한다'고 말씀하셨는데, 진리라는 하나님의 말씀이 성령의 은혜와 신자의 아주 자유로운 의지에 의해 삶에서 지켜집니다. 하나님의 말씀이 성령으로 말미암아 우리 마음 가운데 선포되고 그 성령께서 또한 우리 마음을 부드럽게 하시어 우리 스스로가 말씀을 지키고자 하는 의지, 자유가 일어납니다. 하나님과 이웃을 향한 진실한 마음이 일어나 마음 깊은 곳에서 사랑합니다.

모세의 율법에 의한 여러 가지 법을 지키는 것이 목적이 아니라 그 법이 추구하는 궁극적인 목적인 하나님을 사랑하고, 이웃을 사랑합니다. 오리를 가자고 하면 십리를 가고 겉옷을 달라고 하면 속옷까지 주는 놀라운 변화가 일어납니다. 바로 신약시대는 율법이 없어진 시대가 아니라 더 강력한 율법이 우리에게 부과되지만 그 율법을 성령께서 주시는 은혜와 자유로 신자는 기꺼이 지킵니다.

바로 여기에 구약과 결정적으로 차이가 있습니다. 구약의 율법이 없어진 자리에 성령께서 그 자리를 대신 차지하시고, 구약처럼 말씀을 돌판에다 새기지 않았지만 신자 스스로가 성령으로 말미암아 율법을 생각해 내고 그 율법을 성령의 은혜와 그들의 자유를 따라 능히 자발적으로 지킵니다.

곧 구약에는 명문화된 율법이 있습니다. 가난한 자를 위해 떨어진 이삭을 줍지 말라, 십일조를 해라, 도피성을 피한 자는 모르고 살인한 자니 이들을 해치지 말라 등의 다양한 율법들이 있습니다. 그리고 심지어는 탈무드, 미드라쉬, 미쉬나 등 구약성경에 나와 있지 않은 수많은 율법을 따로 만들어서 삶의 모든 경우에 율법이 지배하게 합니다.

그러나 신약은 어떻습니까?

신약은 그러한 율법들이 없습니다. 물론 산상수훈 등에서 여러 가지 새로운 말씀 등이 있지만 구약의 율법과 비교해 보면 신약의 율법들은 너무 부족하고, 과연 율법이 있는가 할 정도로 율법이 없다고 해도 과언이 아닙니다. 더욱 다양해진 신자의 삶을 규정하기에는 율법적 조항이 턱없이 부족합니다.

그러나 이것은 결코 부족한 것이 아닙니다. 왜냐하면 구약의 율법의 조항이 있던 자리, 곧 모세 율법의 자리에 성령께서 임하시고, 성령은 신자에게 자유를 주시면서 마음 속에 수많은 율법들을 스스로 생각하게 하십니다. 어떤 성도가 어려움에 처했을 때에 성경에서 단 한 번도 이런 경우를 설명하거나 규정한 율법이 없지만, 신약의 성도들은 성령으로 말미암아 그런 경우에 하나님 말씀에 가장 합당하게 판단을 합니다. 예를 들면 우리 교회에 어려운 성도들이 있다고 할 때, 그 어려운 정도는 성경에서 전혀 규정되지 않은 경우입니다. 율법적 조항이 없는 새로운 경우입니다.

그럴 때 우리 성도들은 어떻게 할까요?

'율법이 없으니 도와줄 수가 없구나'라고 하지 않습니다. 바로 기도함으로 성령께 도움을 구하고, 성령께서 말씀을 통해서 각자의 마음 가운데 도우려는 마음이 생기게 하시고, 또한 도울 방법을 직분자 등을 통해 알려 주심으로 우리는 그 성도에 대해 합당하게 도울 수 있습니다. 곧 규정과 율법이 없지만 오히려 구약의 제한이 있는 율법보다 훨씬 더 풍성하게 그 성도를 돕고, 말씀을 교회 가운데 더욱 풍성히 할 수 있습니다. 바로 이것이 예레미야가 예언한 새 언약입니다.

> 31 여호와의 말씀이니라 보라 날이 이르리니 내가 이스라엘 집과 유다 집에 새 언약을 맺으리라 … 33 그러나 그 날 후에 내가 이스라엘 집과 맺을 언약은 이러하니 곧 내가 나의 법을 그들의 속에 두며 그들의 마음에 기록하여 나는 그들의 하나님이 되고 그들은 내 백성이 될 것이라 여호와의 말씀이니라 34 그들이 다시는 각기 이웃과 형제를 가리켜 이르기를 너는 여호와를 알라 하지 아니하리니 이는 작은 자로부터 큰 자까지 다 나를 알기 때문이라 내가 그들의 악행을 사하고 다시는 그 죄를 기억하지 아니하리라 여호와의 말씀이니라(렘 31:31-34).

예레미야가 구약에서 새 언약은 예언하는데, 그 언약의 특징은 바로 하나님의 법, 하나님의 말씀을 그들 속, 언약 백성 속에 두고 마음에 기록한다는 것입니다. 이것은 하나님의 율법을 마음속에 어떤 코드로 입력하는 그런 유전학적인 것을 말씀하는 것이 아닙니다. 바로 성령께서 우리의 마음 가운데 임재하시어 수많은 상황 가운데, 하나님의 말씀을 깨닫게 하시고 가장 자유롭게, 그 상황에 맞게 하나님의 말씀을 실천하게 하십니다.

예수께서 산상수훈에서 말씀하신 대로 오리를 가자고 했는데, 성령께서 우리를 일깨우셔서 우리는 가장 자유롭게 십리를 가게 되어 구약의 율법을 능가하는 일이 일어납니다. 여자나 약자를 향해 어떤 폭력을 행하지 않는 것을 넘어서서 그 약자들을 마음 깊은 곳에서부터 배려하는 일이 일어납니다. 구약의 율법 이상의 신약의 율법, 성령께서 주시는 말씀이 우리 가운데 가장 자유롭게 일어납니다.

그리고 이것은 하나님을 향하여도 마찬가지입니다. 구약에서 절기를 지킨다던지 연보를 한다던지 하는 율법적 기준을 만족시키면 율법을 잘 지키는 것이라고 생각했는데, 신약에서는 구약에서 상상하지 못한 하나님을 위해서 더욱 헌신하고 사랑하게 만드는 일을 자발적으로 합니다. 각 사람의 필요에 따라 능히 시간과 재정을 내어놓는 일이 자발적으로 일어납니다.

> 사도들의 발 앞에 두매 그들이 각 사람의 필요를 따라 나누어 줌이라
> (행 4:35).

먼저 그의 나라와 그의 의를 구하는 일들이 전혀 생각하지 못한 방식으로, 구약을 능가하는 방식으로 우리 가운데 힘있게 일어납니다. 그리고 그런 위대한 일을 하고도 다음과 같은 놀라운 고백을 하는 것이 신약의 새 언약입니다.

> 다 행한 후에 이르기를 우리는 무익한 종이라
> 우리가 하여야 할 일을 한 것뿐이라(눅 17:10).

바로 이것이 신약의 언약이 이룬 놀라운 완성입니다. 구약 역시도 하나님의 사랑에 기초해 있지만 율법이 그 일을 지도하여 유아와 같이 구약 백성을 인도하지만 신약은 율법의 빈 공간에 성령께서 임재하시어 우리를 자유롭게, 기발하게, 놀랍게 율법을 만들어 내고 또한 지키게 하십니다. 유아가 하지 못하는 놀라운 일들을 마음껏 합니다.

어떤 일의 견습생이 스승의 기술을 따라하는 데 급급한 것이 구약이라면, 신약은 견습생이 스승을 뛰어넘어 자신의 작품을 마음껏 만들어 내는, 그리하여 이 세상에 어느 누구도 상상할 수 없는 작품을 만들어 내는 시대

입니다. 성령은 우리에게 그 끝을 알 수 없는 하나님 사랑과 이웃 사랑이라는 율법을 만들어 냅니다. 다윗(구약)은 율법을 받았으나 우리(신약)는 율법을 만들어 냅니다.

사랑하는 성도 여러분, 이것이 신약의 언약의 특징입니다. 구약은 유아와 같은 자로서 율법을 지킴으로 하나님을 사랑하는 언약 관계라면, 신약은 율법을 넘어선 성령과 자유로 하나님을 마음껏 사랑할 수 있는 그런 시대, 그런 획기적인 시대입니다.

여러분, 하나님과 이웃을 사랑하는 마음, 놀라운 사랑을 표현할 율법이 여러분의 마음 가운데 생겼습니까?

지금 생각나셨다면 그 율법을 참지 마십시오! 실천하십시오!

하나님이 그런 놀라운 사랑의 마음, 사랑의 율법을 주신 것은 여러분들이 성도라는 증거요, 신약의 언약 백성이라는 증거입니다. 하나님을 깊이 사랑하는 사람들이 된 것입니다. 그 어떤 환경과 조건을 초월하여 하나님을 깊이 사랑하는 성도가 되었습니다.

우리는 그 신약의 새 언약 백성입니다. 성령께서 주신 자유로 하나님과 이웃을 마음껏 사랑합시다.

주일예배에 이 사랑을 집중적으로 표현하고 고백하시되, 예배를 넘어서 삶 전체가 하나님과 이웃을 사랑하는 시간이 되십시오.

하나님을 위해 여러분 모두를 드리십시오.

성도를 위해 우리의 모든 것을 줄 수 있는 성도, 진정한 이웃이 되십시오.

바로 이것이 우리가 서 있는 신약의 언약입니다. 구약과 신약은 물론 똑같은 언약입니다. 하나님의 사랑과 겸양을 바탕으로 한 관계입니다. 그러나 그 관계는 신약에 와서 온전히 성취됩니다. 신약시대는 성령과 자유, 그리고 우리의 자발적인 헌신으로 율법을 만들고 능히 실천하는 기적같은 일이 일어나는 시대입니다.

사랑하는 성도 여러분, 하나님과 이웃을 마음껏 사랑합시다!

그리하여 그 크신 하나님의 사랑이 우리 가운데 더욱 깊이 새겨지는 가장 사랑받는 성도, 사랑하는 성도가 됩시다. 아멘!

> [7] 사랑하는 자들아 우리가 서로 사랑하자
> 사랑은 하나님께 속한 것이니 사랑하는 자마다
> 하나님으로부터 나서 하나님을 알고
> [8] 사랑하지 아니하는 자는 하나님을 알지 못하나니
> 이는 하나님은 사랑이심이라 (요일 4:7-8).